米中戦時に突入

経済封鎖される中国 アジアの盟主になる日本

経済評論家
渡邉哲也 TETSUYA WATANABE

徳間書店

米中戦時に突入

経済封鎖される中国
アジアの盟主になる日本

はじめに

2023年1月現在の世界を一言で表せば、アメリカ民主党が原因を作って戦争が起き、それを共和党が力で後片付けするという、いつものパターンに、どっぷりハマりつつあると、いうことになる。

民主党のオバマ政権が中国の台頭を許し、それをトランプ政権がどうにか抑止しようとした。ところが再び民主党、バイデン政権に移行し、コロナ禍の金融緩和による資源・エネルギー高騰への対応が遅れた。

そこにEU（欧州連合）とバイデン政権が過度なグリーン政策を推し進めロシアは武力行使を決断。ウクライナ侵攻が起きたことで東西デカップリングが加速した。

米中は戦争前夜の状況だ。

地政学的、あるいは地理・空間的な観点からも日本にとってのテーマは「中国」ということになる。

習近平体制は3期目となり、アメリカ議会では対中姿勢強硬派がさらなる力を持つ形となる下院の共和党支配が開始。中国が侵略の意図を隠さない台湾問題、南シナ海問題、尖閣諸島問題など西側・東側の対立はさらに激化から、衝突へと転化していく節目の年になるだろう。

そのことは2022年末に向けた米中両国の動きを見れば、自ずと導き出せる。

アメリカは議会を中心に続々と、対中強硬策のToDoリストを提出した。

ICT（情報通信技術）が国家の命運を左右する時代にあって、2022年10月に、アメリカは中国に対してスーパーコンピュータとキーパーツである半導体の輸出、再輸出を「規制」した。

本書で詳説しているが、ポイントが3つある。

1つは、今回の規制がウクライナ戦争を起こした対ロシア制裁をベースにしている点だ。対ロシア制裁→対中規制の流れは今後も続く可能性が高いことから、まさに「東西デカップリング」を象徴するできごとになっている。

もう1つは半導体、スパコンについてヒト・モノとテクノロジーの対中輸出を規制している点だ。

半導体製造の基礎技術の多くはアメリカ原産が占めている。このような規制に中国が対抗する場合、技術を持った「ヒト」を直接買って技術ごと盗むことを繰り返してきたが、アメリカ人を輸出することにも規制をかけた。

また中国は第三国に会社を設立して規制された製品、部材、技術を第三国経由で入手することで規制を逃れる。ところがアメリカは第三国を経由する再輸出にも規制をかけているのだ。

もはや事実上の「半導体禁輸」ということになる。従って、これは「規制」という生やさしい措置ではない。「制裁」と呼ぶべきものだ。

近年、アメリカはサプライチェーン関連多国間会議を主催している。すなわち「制裁」、「規制」はアメリカ単独ではなく、多国間で連携して中国を封鎖しようということだ。

米ソによる東西冷戦時に西側の製品、技術を東側に輸出する規制「COCOM」があったが、「新COCOM」体制が構築されているのである。前回の冷戦のフロントラインはドイツを中心としたヨーロッパだったが、今度の新冷戦の最前線は日本だ。

影響は甚大なものになるだろう。２０２３年の国内経済を見通す上で、西側の動きは重要なポイントということになる。

しかもアメリカは対中政策として「次」を打ち出している。

２０２２年11月15日には、議会のＵＳＣＣ（米中経済・安全保障調査委員会）が「ＵＳＣＣレポート２０２２」を発表。アメリカ政府に対する「提言」の形を取っているが、事実上のＴｏＤｏリストである。

２０２２年版では、有事の際に中国経済を即死させるミッションの検討にまで踏み込んでいるのだ。

また、２０２２年11月29日に米国防総省が公表した「中国軍事力報告書２０２２」では中国を「唯一の競争相手」として、猛烈な速度で核軍拡を行う中国の現実を明らかにした。

特徴的なのは国防省が、習近平国家主席自らが音頭を取って推進する「軍民融合」政策に大きなボリュームを割いている点だ。現在の安全保障は軍事だけではなく、経済安全保障とリンクさせなければ成立しないということである。

とはいえこうした政策をハンドリングするべき立場のバイデン大統領が率いるバイデン政権の前途は多難だ。２０２２年中間選挙で下院の多数派が共和党になったことで、目玉政策の「グリーン」の空転が確実になったからだ。

世界の支柱であるアメリカの政権が内憂外患を抱える状況にあって、日本は、これまでの「アメリカ頼り」の姿勢から、より自主的に意思決定を行わなければならなくなった。どころか、中国に脅威に晒された先人として、アメリカを主導しなければならない場面も出てくるのではないか。

このような事態に直面しても中国の自己中心的な姿勢は不変だ。

2023年1月8日には、国内に莫大な感染者を抱えながら中国は中国人の海外渡航解禁に踏み切った。武漢の悪夢を再現させたくない各国は、中国人入国の水際対策を強化。そのお返しに日本人へのビザ発給を一次停止したのだ。

国内で不動産バブルが崩壊し、リーマン・ショック前夜のような状況に陥っても戦狼外交は健在である。国際社会からの孤立をますます深めることなどおかまいなしだ。

いくら我々の価値観に基づいて中国を批判しても、価値観の違う中国には届かない。すなわち西側と中国の対立の本質とは「価値観の対立」ということだ。

より踏み込めば、2023年の東西デカップリングの正体は、「文化衝突」あるいは「文明衝突」ということになる。したがってどちらかの文化、文明が折れるまで衝突は終わらない。

　本書はオフィシャルな資料を基に、２０２３年の日本と世界を見通すことを目的にした。不透明な時間帯を照らす灯火になれば幸いである。

CONTENTS

第1章 開戦！「東西冷戦2・0」

CONTENTS

第2章

「半導体」規制で世界構造が変わった

第3章 中国即死に向けて始動したアメリカ

CONTENTS

第4章 支柱を喪失して乱れる国際情勢

第5章

悪夢のグリーン政策

CONTENTS

第1章

開戦！「東西冷戦2・0」

テーマとなる問題は「中国」

２０２２年は、ロシアによるウクライナ侵攻などによって世界構造が一気に変わる年になった。この激震はしばらく続くことから、２０２３年もさらなる激動の一年となることは確定的だ。

テーマとなる問題は、やはり中国である。

２０２３年1月14日に行われた日米首脳会談でも対中政策が大きなテーマになったのがその証左だ。岸田文雄総理とバイデン大統領は会見後の共同声明で中国について、

「ルールに基づく国際秩序と整合しない行動をとっている」

と明記し、

「台湾海峡の平和と安定」

の維持に努める方針を確認したのである。

習近平体制は3期目となり、アメリカ議会では対中姿勢強硬派がさらなる力を持つ形となる下院の共和党支配が開始。中国が侵略の意図を隠さない台湾問題、南シナ海問題、尖

閣諸島問題など西側・東側の対立はさらに激化し、冷戦が深化する年になるだろう。

ＵＳＣＣ（アメリカ議会米中経済・安全保障調査委員会）による年次報告書「ＵＳＣＣ２０２２」の内容は、中国経済、軍事を瞬殺する提言にまで踏み込んだ。また、ＢＩＳ（アメリカ商務省産業安全保障局）を中心とした対中輸出規制は、

・回線幅16ｎｍ又は14ｎｍ以下のロジック半導体
・ハーフピッチが18ｎｍ以下のＤＲＡＭ
・積層数が１２８層以上のＮＡＮＤ型フラッシュメモリー

を規制対象に加えた。開発・製造用途のＥＡＲ対象品目すべてとしている。

個々の製品の技術的特性については割愛するが、半導体市場に占める最先端半導体のシェアは低く、主要な部分は古い世代の半導体というマーケット構造だ。規制対象になったのは先端世代ではなく、現行の主力世代だ。

さらには開発からアメリカ産技術の輸出が禁止されたのだ。このため、中国は主力世代の半導体の設計すら許されない状態となった。もちろん中国は「第三国」を経由した輸入を模索することが予想されるが、半導体企業が規制対象に手を出せば、輸出管理の対象に指定され、以降、製品・技術の入手が困難になる。

事実上の半導体「禁輸」で、中国半導体は２０１４年以前の古い世代から抜け出せない構造になった。

実際に中国随一のフラッシュメモリーメーカーであるＹＭＴＣは工場は完成したものの、製造装置の輸出が禁止されたことで放置される可能性が高い。また国防権限法２０２２で、アメリカ政府調達企業は中国半導体でファウンドリのＳＭＩＣ、中国メモリーメーカーのＣＸＭＴ、ＹＭＴＣを組み込んだ商品の利用禁止を盛り込んだ。

５年間の猶予はあるものの、サプライチェーンや製品開発から中国半導体を排除する流れは２０２３年から本格化していくということだ。しなくてはいけないわけだ。

並行してアメリカは日本・アメリカ・台湾・韓国による半導体連合「Ｃｈｉｐ４」の結成に動いている。「5年の猶予」の間に、西側が中国抜きで半導体を増産する体制を構築するということだ。

中国なしでの製品開発が可能になっていくだろう。もちろん日本はそのサプライチェーン構造の一翼を担う立場にある。

２０２２年12月13日には、西村康稔経済産業相が、「(同月) ９日の電話会談で、輸出管理協力を含めてさまざまな課題について意見交換した。

詳細は外交上のやりとりなので控えたい」

とジーナ・レモンド商務長官との間で協議を進めていることを明らかにした。アメリカの半導体規制に日本も足並みを揃えることになる流れだ。

プーチン「クリスマス停戦」持ちかけの意味

この半導体、「ヒト、モノ、カネ」の規制がどのような事態を招くのかが明らかになったのが、2023年1月5日にロシアのウラジミール・プーチン大統領が突如として、表明した「クリスマス停戦」だ。ロシア正教のクリスマスに合わせて同月6日から36時間の戦闘中断にウクライナ側の同調を求めた。だが、ウクライナ側は、「つまらない策略」として、「ロシアが支配する東部4州の戦況が厳しく、戦況立て直しのための時間稼ぎ」

と、一蹴している。

2023年1月現在、ロシアは東部4州の割譲を最低限の終戦条件としている。逆にウクライナは2014年にロシアに奪われたクリミア半島の領有権を取り戻すとしているのだ。

この両者の隔たりは埋まることがない。

この状況で「停戦」を持ちかけるのは不利な陣営だ。相互が目的を譲らない以上、有利なほうが自ら「停戦」、「終戦」を申し出るメリットがないからである。

プーチン大統領としては、どんな形にせよ「勝った」という結果がなければ自らの立場を維持できない。失ったものが大きく、得たものはないに等しいからだ。

さらに、西側による「制裁」という兵糧攻めで国内の産業基盤が破壊され始めている。キーデバイスである半導体を中心に部材が不足し、工業生産は稼働できないレベルだ。

2022年6月1日、イギリスとEU（欧州連合）は、ロシア産石油を輸送する船舶に対する保険の提供を禁止することで合意。世界最大級の英ロンドンの保険市場からの「ロシア」追放は続く。

ここで押さえなければならないのが「再保険」という仕組みだ。

ある保険会社が高額な保険契約を結んだ場合、保険支払いの際に保険会社の経営自体が揺らぐ可能性がある。そこで各保険会社は国内外の別の保険会社に、万が一の巨額支払いのために「保険」を依頼する。これは「保険の保険」ということで「再保険」と呼ばれる。再保険を引き受けた保険会社がリスクを減らすためにさらに「再保険」を依頼する構造だ。

イギリスのロンドンには世界最大級の再保険市場「ロイズ保険組合」がある。ここから締め出されるということはロシアの海運、航空、宇宙産業に対して、世界中が保険を認めないということだ。

２０２２年9月には、保険加入が困難になったことで海運会社はロシア炭輸送をストップした。

日本にも「再保険」の影響が出ている。２０２３年1月1日には、国内損保大手の「東京海上日動火災保険」、「損害保険ジャパン」、「三井住友海上火災保険」がロシアやウクライナ周辺のすべての海域で軍事行動などに伴う船舶の被害を補償する「船舶戦争保険」の提供を停止することを決定し、海運会社などへの通知を始めた。

また２０２２年12月31日で通信機器メーカーのノキア、エリクソン両社がロシア市場から撤退。ロシア国内の基地局シェアは両社が約半分を占めている。ロシアはスマホがつながりにくい前時代の通信状況へと戻ることになるだろう。

また、兵器等も枯渇しており、徴兵により得た兵士も熟練度不足で消耗が激しい。国内からの批判も強まっている。

「クリスマス停戦」は、ここで何とか「形」を付けたいプーチン大統領の苦境の表れといえるだろう。

一方的に侵略された側のウクライナが、そんなことを認めるはずもない。ヨーロッパ各国としても、ロシアの疲弊はＥＵ内の新ロシア勢力の弱体化や自治州などの弱体化、飛び地領土奪還のいい理由になる。

西側もロシアが敗北を認めた状態での終戦を望んでいるのだ。だから、ウクライナに加担し支援し続けている。その意味ではウクライナには兵站の心配はない。

戦争は終わらない。

再びコロナをばら撒く中国

アメリカ議会の対中姿勢と並行して、中国側も「強硬化」に進んでいる。中国は輸出管理法をはじめとして、反外国制裁法など米国法と対立するミラー法案を制定済みである。反外国制裁法では中国政府の要請に従い、制裁を行った企業・個人を自由に制裁できる。

ただし２０２３年１月現在、そうしたミラー法案は完全に運用されていない。しかし中国は習近平国家主席を中止とした独裁国家だ。「王朝」の思惑１つでどう運用されるかはわからない。

チャイナ・リスクは別次元のステージに移行すると考えるべきだろう。

その証左の1つが、習近平体制が戦う外交である戦狼外交を継続し、強気の姿勢を崩していない点にある。

その姿勢は新型コロナウイルス感染爆発問題においても同様だ。2023年1月現在、中国国内で深刻な被害を拡大させている中、外国人入国をオープンにし、ゲノム情報などを開示しないまま中国人を外に出そうという姿勢を崩していない。

この蛮行が世界的非難の的になっているが、中国政府は逆に海外の姿勢を批判しているという状況である。

この状況に、多くの国が思い出すのは2020年1月の悲劇だろう。2019年末には中国国内で新型コロナウイルスの感染を認識していながら、それを隠蔽し、春節によって国外に拡散させた。

中国の自己中心的無責任な姿勢によって国際社会は今も苦しんでおり、これに対する怨嗟に近い感情を多くの国が忘れていない。

2023年初頭の中国政府の新型コロナウイルス対策が、世界の対中感情を大きく悪化させるのは当然の流れだ。中国以外の国の多くが中国からの入国管理を厳しくしている。たとえ、中国が国を開こうとも、中国にとってコロナ禍前の環境には戻らない。

また、一帯一路による「債務」が世界各国をデフォルトに導こうとしており、一部の国ではこのことがクーデターの大きな要因にもなっている。というのは賄賂や利権により、新興国の中枢部と強い関係を結ぶのが中国の特徴だからだ。「債務」による破綻リスクが現実化する中で、賄賂、利権が暴露され、クーデターが起こる構図である。

G7側は、中国に対して「共通枠組み」による債務帳消しを求め、中国の譲歩を求めている。しかし、それは中国が利権を失うことだ。一部ですでに債務問題に関する円卓会議が開かれているが、中国側が譲歩すれば、すべての債務に同様の対応を求められることになる。

西側が対中姿勢を強硬化し、中国もミラー型に強硬化する——まさに東西デカップリング新次元にあって、2023年に日本はG7の議長国を務め、インドがG20の議長国を務めることになる。また、中東、アラブに関しても不安定化が進んでおり、欧州はウクライナ問題、中央アジアはロシア弱体化で不安定化している。

やはり2023年は激動の年になりそうだ。

日本がすべきは、まず電力、エネルギーの確保だ。原発再開や高効率のタービン炉の拡大によって充分なエネルギーを確保できれば、国内に製造業を回帰させることができる。半導体だけでなくバイオ、生活必需物資を内製化できる環境作りが必要だ。

というのは日本が最も幸せだった時代は、中国が世界の工場として不在だった時代だからだ。東西デカップリングで中国がサプライチェーンから切り離されるということは、その代替が必要になる。

アジアで中国に対峙できるのは日本しかない。中国との西側のプレゼンスの奪い合いの中で、日本は他国との同盟関係強化や、アジアでの指導的役割の強化が求められるだろう。

中国排除をピンチととらえるか、チャンスととらえるか、この先数十年の歴史を変える一年になりそうだ。

習独裁体制の完成と世界分断

2022年10月22日、中国共産党第二十回全国代表大会で習近平氏の国家主席3期目が確定。中国の最高指導部である「チャイナセブン」は習近平の側近と子飼いで固められた。

次期首相の候補とされてきた共青団の胡春華《こしゅんか》副首相は政治局員からも外され、李克強《りこっきょう》氏も完全引退に追い込まれている。

また、前国家主席である胡錦濤《こきんとう》氏はカメラ入りした共産党大会の最中に、壇上から両手をつかまれる形で会場から排除されることになった。

生前、鄧小平《とうしょうへい》氏は胡錦濤氏までの後継を指名したといわれる。「習近平体制第3期目」開始によって、外交では欧米とは覇権を争わない「韜光養晦《とうこうようかい》」と、内省で「改革・解放」を行うことによって中国の国力を上げる政策を敷いた鄧小平体制は終焉を迎えた。

すなわち習近平独裁体制が確立したことになる。

国際派で改革派である共青団系は力を失い、習近平氏の意思に従うもののみが生き残ったのだ。中国がさらなる赤化に進むことはほぼ確定的な流れだ。

国際社会との対話を試みようとする人物は消えたことになる。外交を担当する外交部長は楊潔篪《ようけっち》氏に変わり、王毅《おうき》氏となった。その人事は王毅氏が推し進めた「戦狼外交」に対する評価であり、習近平体制の外交方針を確実に進めたからということだ。もちろん、王毅氏の本心は別にしてという話だが。

共産党大会前には一部で習近平氏の失脚説が流れていたが、それは民主派や改革派に近い人たちによる希望的観測に過ぎなかったということも明らかになった。

また、習近平氏が主導したゼロコロナ政策により、厳しいロックダウンを行った上海のトップである李強氏は、2023年の首相候補とされている。政治局常務委員の趙楽際《ちょうらくさい》氏がナンバー3に留まったことで、反汚職を「建前」にした粛正の嵐が吹き荒れる可能性が高い。また、習近平思想のプロパガンダ担当である王滬寧《おうこねい》氏も残った。

人事上からも習近平独裁体制が確実なものになったことは明らかである。

習近平国家主席の第3期開始により、中国は集団指導体制から、習近平氏の個人独裁体制へ大きく変化する。すなわち、巨大な北朝鮮が誕生することになったのだ。

世界の分断が進むこともまた確定的である。

脱ロシア・脱中国が急速に進行している

2023年現在、アメリカ、日本、イギリス、フランス、ドイツ、イタリア、カナダを中心とした「西側」と、中国、ロシアを中心とした「東側」に世界が分断しているのが現実だ。

帝国データバンクの『ロシア進出の日本企業、1割が「事業撤退」へ～「脱ロシア」、事業停止フェーズから第二段階へ～』によれば、2022年2月時点でロシアへの進出が判明した国内上場企業は168社。このうち2022年10月25日までにロシア事業の停止、制限・撤退を新たに発表・公開した企業は、全体の4割超に当たる75社であるという。

ロシア事業からの撤退を表明した企業は同年8月には10社に満たなかったが、同年10月25日までの2カ月間でさらに10社が撤退を公表した。

その原因は2022年2月24日にロシアが一方的にウクライナを侵攻したことにある。ロシア・リスクを避けるための「脱ロシア」は急加速している。

このことは対中国にも当てはまる。

大手自動車メーカーのホンダの四輪の主要生産地のうち中国の占める割合は28％となっているように、ホンダは中国依存度が極めて高い企業だった（次ページ図「2021年度ホンダの四輪車生産」）。

ところが2022年8月にはホンダが、国際的な部品のサプライチェーン（供給網）を、中国を切り離す形で再編することを明らかにしたのである。

また2022年9月にはダイキン工業が、2023年度中に中国製部品がなくてもエア

2021年度ホンダの四輪車生産

(2021年4月〜2022年3月)

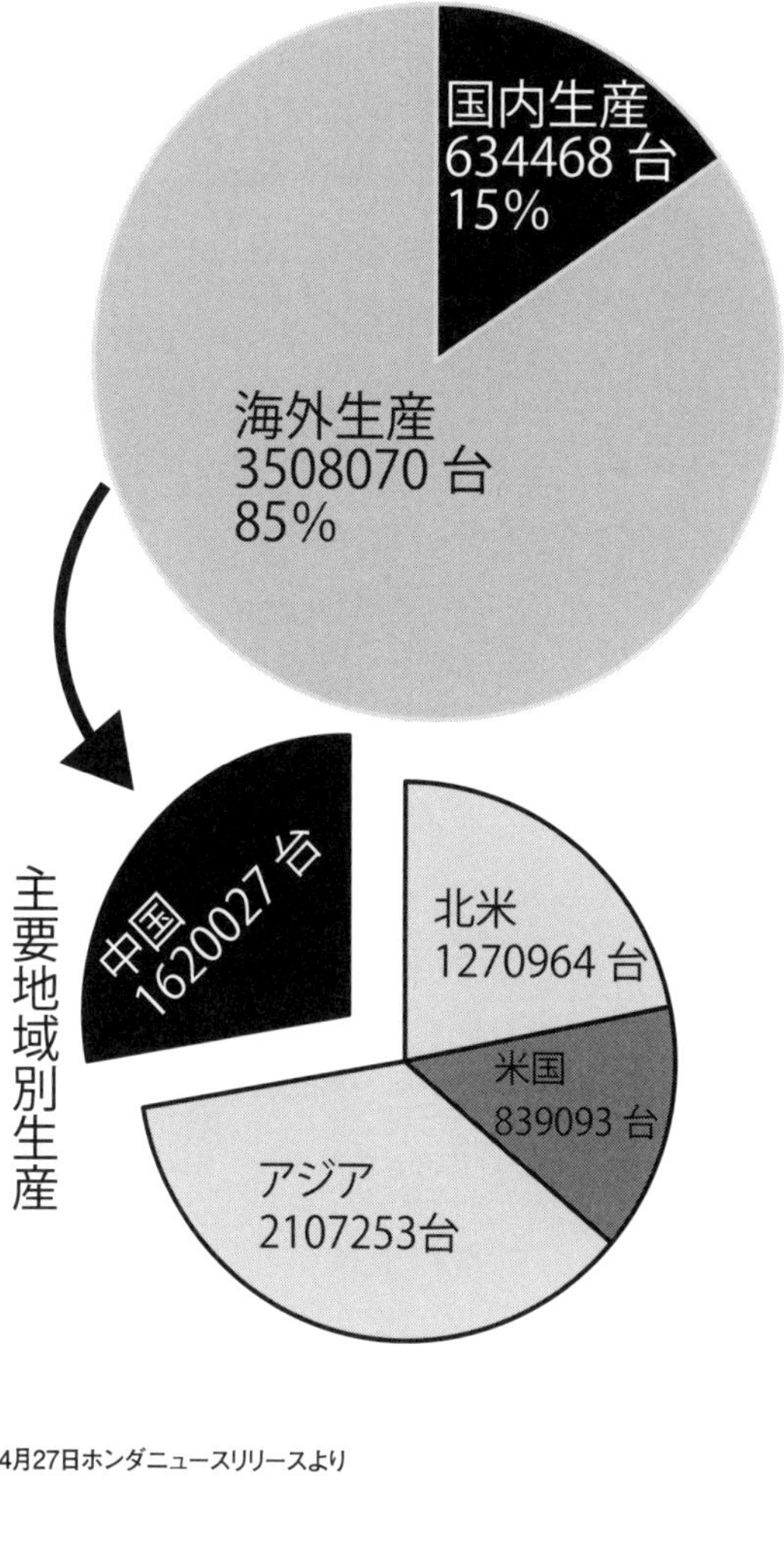

2022年04月27日ホンダニュースリリースより

コンを生産できるサプライチェーン（供給網）を構築することを明らかにした。中核機能にかかわる部品については日本国内で内製化を進めながら、取引先にも中国外での生産を要請する。

ダイキン工業の前身の中心事業は航空機用ラジエーターチューブや信管、薬莢などの製作、また戦艦大和や武蔵の砲弾の冷却や、艦内の換気装置を納入する軍需産業だった。そのことで世界有数の空調メーカーになった。

現在でも、防衛の中核企業でもある。自衛隊の砲弾、高い加工技術を利用して航空機エンジンの消火システム、コロナで不足が問題となった酸素濃縮装置まで生産する。安全を守る企業の1つとなったダイキン工業の決定には、日本政府の意思と同盟国であるアメリカなどへの配慮があったものと推測する。

こちらはチャイナ・リスクを避けた動きで、今後、続いていくだろう。

ロシア、中国に共通する国家性格は権威主義だ。トップと極少数の意思決定者が戦争や、ゼロコロナによる経済活動停止などを決めてしまうことは「リスク」以外の何物でもない。しかも一度決定したことを覆すことが難しいのが権威主義国の特徴だ。それをすれば「権威」そのものが失墜してしまうからである。

権威主義国から「脱」をするもう1つの大きな理由が、東西のデカップリングだ。対象国と関係することが企業の「生命」の危機になる。トランプ政権以前から著書やメルマガなどで権威主義のリスクを主張してきたが、そのことが現実的に認識され始めた。

そこで2023年のデカップリングまでの流れを、過去から簡単に整理していきたい。

東西「新」冷戦の本格化と深刻化

2023年のデカップリングの「そもそも」を考えていくと、1980年代後半の東西冷戦の終結に焦点が結ばれる。

1945年の第二次世界大戦終結直後からアメリカとソ連は激しい勢力争いを始めた。しかし共産主義陣営の尖兵だった東ドイツと、西ドイツを分断していた「ベルリンの壁」が1989年11月9日に崩壊。さらに1989年12月2〜3日に地中海のマルタ島で、当時のミハイル・ゴルバチョフ書記長とジョージ・H・W・ブッシュ大統領が会談し、冷戦の終結を宣言した。

一方、冷戦構造下でアメリカは、東側の一員だった中国に対して、宥和政策を取る。ソ連の味方を引き剝がすために中国を味方に入れるという戦略で、宥和政策は対ソ戦略の一環だった。

その中国では1978年から改革開放を進め、1982年に鄧小平体制が確立され改革開放を加速させた。ところが冷戦崩壊の1989年には民主化を求める学生や市民を、人民解放軍が虐殺する天安門事件が発生。西側が制裁に動くことで改革開放は停滞する。

そこで鄧小平は、1992年から中国南方部を視察する南巡講話を行い、改革開放の再加速を促す。こうして対外的には「西側社会のルールの下に入る」と言いながら、海外からの援助を取り付けたのである。

鄧小平は生前、2人の後継者を指名した。この「自由主義市場にする」という国際社会への約束も、その後の江沢民、胡錦濤政権へと引き継がれることになった。

ところが2013年、習近平氏が国家主席に就任して状況は一変する。就任から約3カ月後には当時のバラク・オバマ大統領と会談を行うが、習近平氏はいきなり、

「太平洋には米中両国を受け入れる充分な空間がある」

と発言し、太平洋分割管理構想をアメリカ側に突き付けたのである。

中国の領土・領海への拡大路線は言葉だけではなく、実行を伴っていた。習近平政権は

すでに行われていた南シナ海の実効支配を加速させ、チベット自治区、ウイグル自治区への統制も完全なものにしたからだ。

2016年10月に人民元はIMFのSDRバスケットに採用され、国際通貨の仲間入りを果たしたが、その際の約束も「自由市場への転換」だ。だが、市場や為替の自由化、資本移動の自由化、国有企業の民営化など何1つ実行していない。むしろ統制を強化した。

習近平体制の中国は、西側と取り交わした約束をすべて守っていない。中国側がバンブーカーテン（竹のカーテン）を拡大していったのである。

「宥和」から「封鎖」に転換したアメリカ

この状況の中、国際社会で3つの大きなインパクトが生まれる。1つが2016年アメリカ大統領選挙におけるドナルド・トランプ氏の出馬。2つ目が2020年から中国発で起こった新型コロナウイルスのパンデミック、そして2022年2月24日からのロシアが起こしたウクライナへの侵攻である。

整理をしていこう。

2017年までのアメリカ民主党、オバマ政権下でアメリカは中国に対して「宥和政策」を展開していた。後述するが、その主犯の一人が当時、国務長官として対中政策の中心人物だったジョン・ケリー氏。そして副大統領だったジョー・バイデン大統領だ。

前述したバンブーカーテンが拡大したのはこのためである。

ところが2016年の大統領選で共和党がドナルド・トランプ氏を大統領候補に擁立する。この2016年大統領選挙では出馬したトランプ氏と対抗馬のヒラリー・クリントン氏の間でさまざまな争点が生まれたが、その1つが米中間の貿易不均衡である。トランプ氏は選挙期間中から、この不均衡の是正などを訴えて当選した。

このことでアメリカは「宥和」から「封鎖」へと対中政策を逆転させることになる。

まず2018年1月22日、トランプ政権は緊急輸入制限（セーフガード）を発動し、太陽光発電パネルに30％、洗濯機に20％以上の追加関税を課すことを発表。この時は「中国」を名指さなかったものの、いずれも中国の生産比率が極めて高い輸入品目で、事実上の中国に対する高関税政策が始まる。

その後、アメリカ側は追加関税を続々と増やし、中国側もアメリカからの輸入品目に追加関税を課して対抗する。「米中貿易戦争」が本格化した。

米中のデカップリングはまず「モノ」から始まったということだ。

ところが2020年1月からのコロナ禍によって、感染拡大防止のためにヒトの交流が途絶えることとなる。それ以前の世界はグローバリズムと呼ばれる「イズム」によって支配されていた。グローバリズムを一言でいえば「ヒト・モノ・カネ」の移動の自由化を理想とする理念だ。ところがコロナ禍によって「ヒト」の移動の自由が奪われた。

結果的に、デカップリングが加速することになったのである。

香港問題とコロナ禍

例えば「香港問題」もコロナ禍の影響ということができるだろう。

1997年にイギリスが香港を中国政府に返還して以降、中国政府は香港の自治権を認める「一国二制度」を適用し「特別行政区」としてきた。このことで香港は閉鎖経済の中国と、世界の経済をつなぐ「窓」として繁栄する。

ところが2020年6月30日に、中国政府が香港国家安全維持法を成立させ、「一国二制度」を事実上廃止した。

元々、香港国家安全維持法は2019年10月の第19期四中全会（中国共産党第19期中央委員会第4回全体会議）で方針が決定していたことだ。香港国家安全維持法の適用は予定通りだったという観測がある。とはいえ、香港に西側の人たちが、自由に出入りできていたとすれば、コロナ禍の真っただ中に、中国政府が一国二制度を崩壊させたかは疑問だ。人の出入りができないがゆえに、中国の一方的な香港の侵略的支配というのが進んでいったといえるだろう。

それればかりか、香港問題によって世界的にはデカップリングをさらに加速させる状況になっている。香港問題は中国共産党の「嘘」を世界中に知らしめることとなったからだ。

1997年にイギリスから香港が返還されるにあたり、イギリスと中国は一国二制度を50年間は維持することで合意していた。しかし中国は返還から四半世紀も経たないうちにこの約束を反故にしたのだ。

その結果、2020年7月14日にアメリカは、香港の自治侵害に関して制裁を科す「香港自治法」を成立させる。また一帯一路などを通じて中国政府の「協力」「援助」という甘言を信用していた国は脱中国へと傾くことになった。

このように香港問題はそれまで米中の2国間対立だった構図を、拡大させることになっている。理由は「一国二制度」の一方的破棄にある。

約束を守らない中国への不信感が生まれG7を中心にした先進国は、中国との関係に距離を置くようになる。コロナ禍を背景にした香港問題は、デカップリングドミノを引き起こそうとしていたともいえるのである。

ウクライナ侵攻が決定した

この状況の中で、2022年2月24日、ロシアがウクライナへの軍事侵攻を開始した。

この軍事作戦に向けてロシア軍はウクライナ周辺に集結。2022年1月30日には10万人だったが、同年2月18日には最大19万人規模まで達していた。

大量の核を保有する国連常任理事国が一方的な理由で「力での現状変更」を行ったのだ。これを認めれば、国際社会から秩序は喪失する。

攻め込まれたウクライナはEUやNATO（北大西洋条約機構）に加盟しておらず同盟も結んでいないことから、派兵による支援はできない。そこでアメリカ、イギリス、EUが牽引する形でロシアに対して強力な経済制裁を科した。

ロシアは資源、エネルギー、食料の輸出大国だ。経済制裁はロシア産資源、エネルギー、食料との分断、すなわちデカップリングを意味している。西側先進諸国も返り血を浴びることは必至の流れだった。

その「返り血」の典型が物価高騰、すなわち「インフレ」である（次ページ表「日米欧の2022年消費者物価指数の推移」）。

もちろんこの物価上昇はコロナ禍での大規模金融緩和、バイデン政権がESG（環境）投資を加速させたことによるエネルギーバランスの崩壊という下地があったものの、ウクライナ侵攻がそれを何段階も高いレベルに引き上げたのである。

2022年11月のアメリカの消費者物価指数は前年同月比で7・1％の上昇。上昇率は5カ月連続で前月を下回り、記録的だったインフレが落ち着く傾向にあるものの、依然として高い水準にある。

海に囲まれた資源貧国・日本ではエネルギーは海から運ばれる。対して地続きのヨーロッパではパイプラインによってエネルギーが輸送される形だ。日本は「プロパンガス型」、ヨーロッパは「都市ガス型」と考えればわかりやすいだろう（次ページ地図「ヨーロッパの天然ガスパイプライン網」）。

日米欧の2022年消費者物価指数の推移

（前年同月比率）

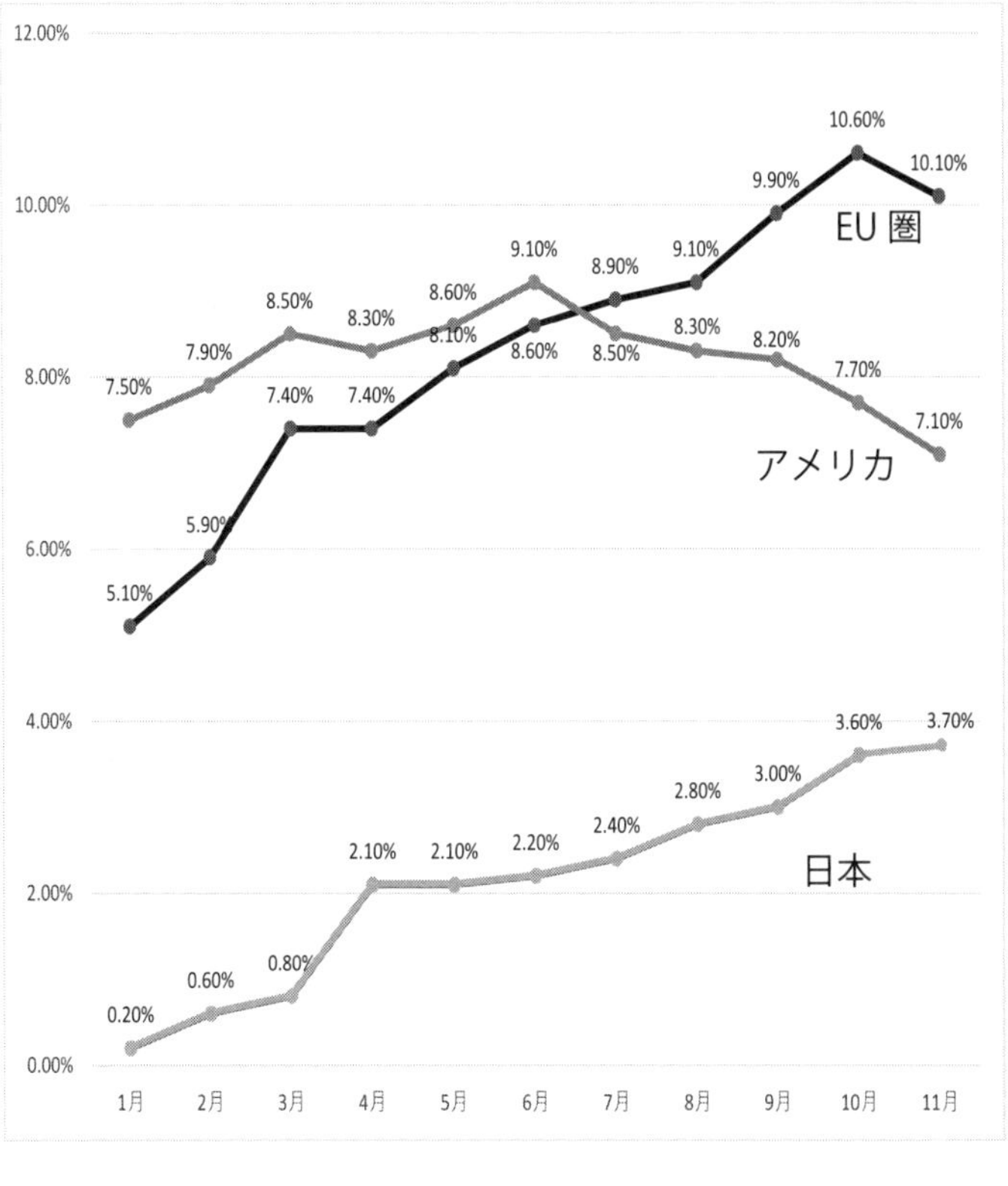

ヨーロッパの天然ガスパイプライン網

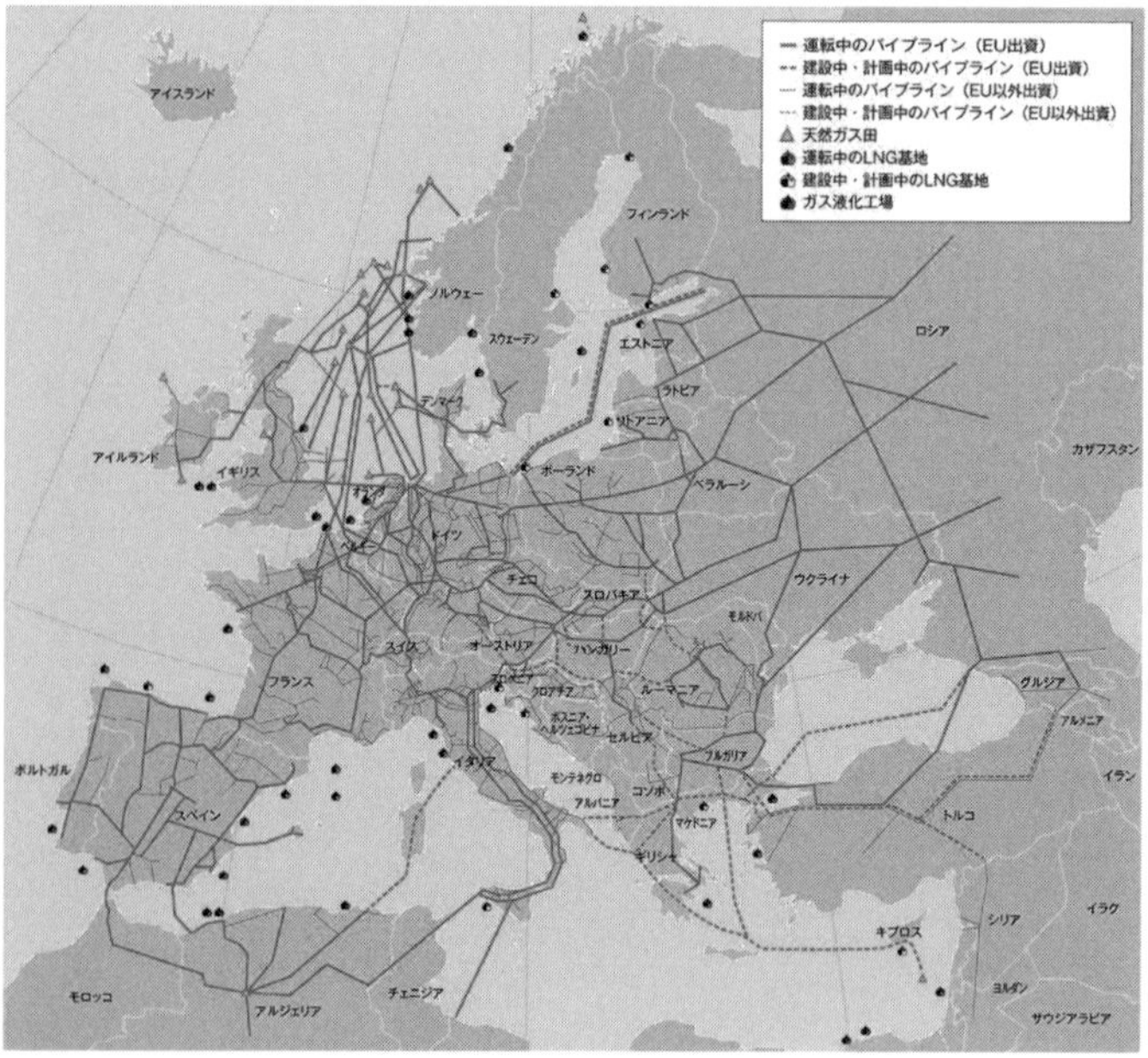

一般財団法人日本原子力文化財団HPより

ヨーロッパが深刻なインフレにあるのは、アメリカよりもESG投資を積極的に行い、ロシアにエネルギー供給を依存していたからだ。日本のインフレは世界水準から見てもまだマシということになる。

この物価指数の推移は、世界が東西の2つに分断したことを示す。米中が宥和に転じれば、あるいは、ウクライナ侵攻が停戦すれば「デカップリングも終焉する」という楽観論があるが、それは間違いである。

なぜなら東西デカップリングの正体は、文化衝突だからだ。

世界は「東西」の選択を迫られている

ロシアによるウクライナ侵攻は、根底の部分で中国の問題と連続している。それはロシアと中国が枢軸の関係にあるということに留まらない。

ロシアというエネルギー供給源を喪失したということは、エネルギー供給先のデカップリングが起こるということだ。すなわち資源・エネルギー安全保障という面でのデカップリングである。またロシアが行ったウクライナ侵攻が、中国による台湾侵攻という「力による現状の変更ドミノ」を引き起こすという防衛安全保障面でのデカップリングがある。各国は西か東、いずれかの陣営に属するのか、という選択肢を迫られているのだ。

次に「中国」はなぜ版図を拡大するのか、その現実について整理する。

中国が豊かになるために犯した最大のミスは農地とのバランスを考えずに、国家戦略としてひたすら工業化を進めたことだ。工業化によって国土が汚染されたことも手伝って、結果的に耕作可能面積は減少することになった。

その結果、中国政府は「一帯一路」を行うことになったのだ。

「一帯一路」は「巨大経済圏構想」とされているが、その真実の姿は「中国政府の植民地化」である。ただし最初は地政学的に意味のあるインフラの接収が目的になっていた。それが次第に地経学（ジオエコノミクス）に基づいた「習王朝の植民地獲得」の方向へと転換していったのである。

その証左となるのが、「一帯一路」に組み込まれた新興国に「インフラ開発投資」と称して金を貸し付け、返せなくなるや返済金の代わりに港や空港を接収する「債務の罠」だ。ヤミ金業者が債務者を「多重債務者」にして「返済の奴隷」にするのと同じことである。

ところが2020年11月のG20で低所得国向けに債務救済を行う際の「共通枠組」が承

認された。この「共通枠組」を適時に実施するための取り組みを強化し、債務国に一層の確実性を与え、ＩＭＦや世界銀行等による迅速な資金支援の提供を促進することも合意されたのである。

この時、債務国と債権国の間に入るのが「パリクラブ」だ。

国家ヤミ金で国力を増強

「パリクラブ」とは、国家と国家の債務が返済できなくなった場合の債権者会合だ。ちなみに国家と民間銀行の間で債務が返済できない場合は「ロンドンクラブ」で協議される。債務の返済スケジュールを組み直すことを「繰り延べ」という。「パリクラブ」は１９５６年、アルゼンチンの延滞対外債務の「繰り延べ」を協議するため、債権国がパリに集まったのが始まりだ。

その後、アフリカや中南米諸国など新興国を中心に繰り延べの要請が行われ、80年代にはより多くの債務国の繰り延べが話し合われた。返済困難の場合、救済手段として「パリクラブ」を通じてＩＭＦ、あるいは世界銀行等の国際機関による融資なども行われるようになる。

こうして「パリクラブ」の運営形態が現在のようになった。

「パリクラブ」のメリットは債務国の返済負担を軽減するとともに、ＩＭＦや世銀などの融資を通じて財政や経済の立て直しを行うことができる点だ。また債権国側も回収がゼロにはならないというメリットがある。

国家間の債務返済のトラブルは常に「パリクラブ」を通じて行うという、いわば「ノー・パリクラブ禁止条項」について、中国も承認した。

ところが「一帯一路」について「隠れた債務」の存在も明らかにされている。

中国が相手国に融資する際、中国国有企業や、建前上「民間」でありながら実質的な国有企業を使って、民間に見せかけて融資しているものがある。

これらは表向きには「民間と民間」ということで、公式な政府債務として報告されない。

この「隠れた債務」は実に３８５０億ドル（約44兆円）にのぼる（次ページ図「中国への隠れた債務が大きい主要5カ国」参照）。低所得国にとって、どれほどの負担か理解できるだろう。

さらに恐ろしいのは、前述したように中国の融資契約には情報開示が行われず、公平な

中国への隠れた債務が大きい主要5カ国

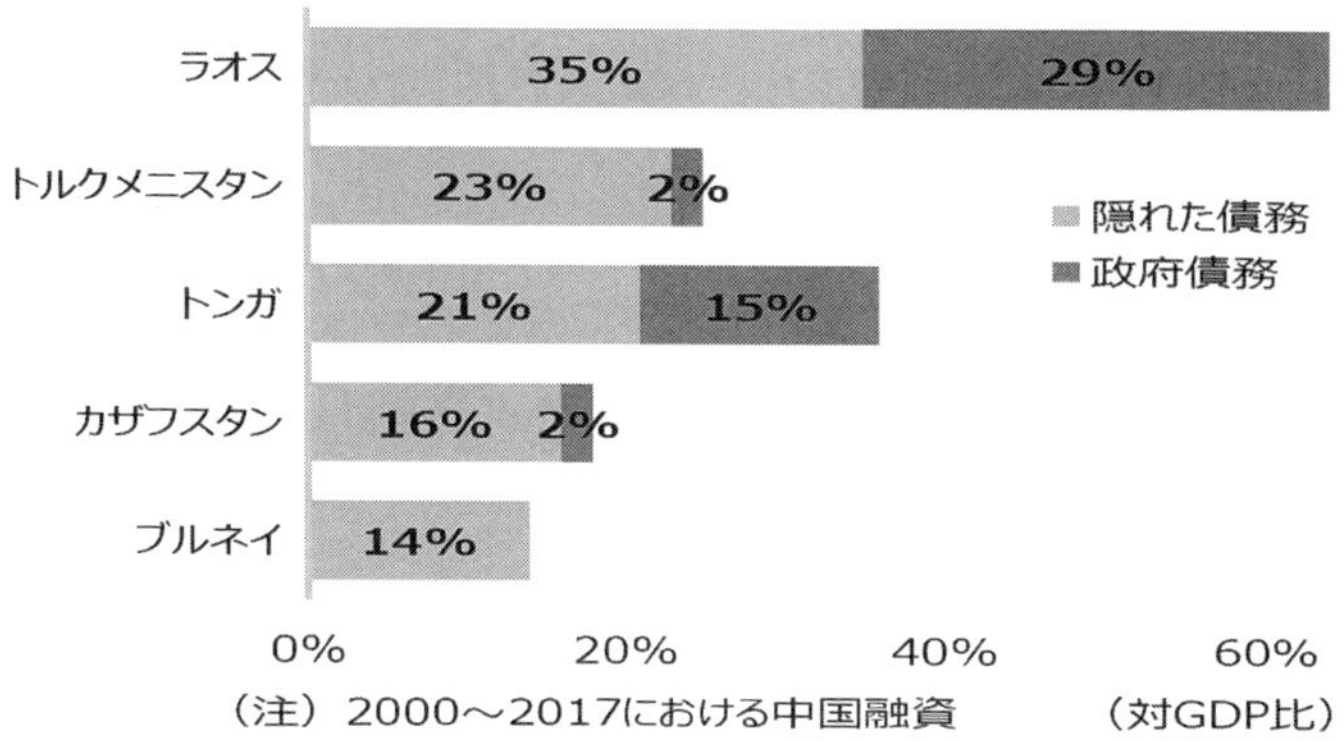

財務省国際局「最近の国際金融情勢について」2021年11月16日

債務救済を妨げる条件が盛り込まれている疑いがある点だ。デフォルトした場合には、借入国政府が最終負担せざるを得ないグレーゾーンのケースさえ存在するとされているのである。

実はこれこそが国連や国連関連組織などの国際機関において、中国が力を持つ原動力になっているのだ。相手国を借金漬けにして、相手国の権利を奪い、それと同時に政治家などを賄賂で操って、好きなように相手国をしゃぶりつくすのが中国外交の実態だ。

根底にあるのは中ロと西側の「文化衝突」

まさに『闇金ウシジマくん』の「カウカウファイナンス」ならぬ「チャイチャイファイナンス」だ。この悪辣な実態が改めてわかってきており、これに対してG20で共同対処するということが承認されたのである。

素性が露見し対応された影響で「一帯一路」は、徐々に地政学的要衝の接収から、地経学に基づいた「生産地の確保」へとシフトしている。中国では生産や採取することができなくなったモノを生産する地域を支配下に置く戦略だ。

中国はこの植民地政策を海洋方面では南シナ海、アフリカ、北極圏、南極圏まで展開しようとしている。さらに陸路を開拓してヨーロッパまでプレゼンスを延ばした。「一帯一路」は海の（一帯）と陸（一路）の両面から、植民地を作る21世紀に復活した「ネオ・コロニズム」ということだ。

中国のための生産地の開拓は、食料自給率が極端に落ちた中国が自国の人民を飢えさせないためであり、持続してきた発展を止めないための利己的欲望の実現だ。

こうした蛮行も中国からみれば、「正義」ということになる。しかし、我々西側の国々からみれば自らが持つ権益を奪われるばかりか、自分たちの国民が貧しくなることを意味する。

中国と我々では価値観が違うということだ。中国からみた「正義」を絶対に許さないというのが我々の立場である。

そうした価値観を生むのは文化だ。その意味で、まさに「文化衝突」が発生しているのが現在ということだ。ロシアによるウクライナ侵攻は西側と、中ロとの「文化衝突」が激化する幕開けに過ぎない。

これは近代でも繰り返されてきたことだ。歴史を紐解いていこう。

第一次世界大戦でヨーロッパは困難の時代に突入した。敗戦国ドイツは莫大な賠償金を負い、選挙によってナチス政権が選ばれファシズムとナショナリズムによって国力の回復を目指す。

そのドイツの侵攻によって第二次世界大戦が勃発した。

第二次世界大戦終戦直前の米英ソ連によるヤルタ会談で戦後の支配域の密約が結ばれ、地政学的な東西冷戦構造の枠組みができあがる。戦後の世界の安全保障システムは国際連盟から国際連合へと変わった。

「自由主義」と「社会主義」という価値観を生み出す文化が相容れることはできず、枠組みとしての「冷戦」が、米ソを中心とする東西の「文化対立」としての冷戦になったのだ。

それ以降、冷戦構造下で、世界は東西という2つのブロック経済によって分断した。2つの巨大な経済体が、まったく違う方向性で世界を動かしてきたのである。ヨーロッパは東西構造の接点になり、いわば「スープの冷めない距離で別居する」という状態になったのだ。

前回の冷戦はソ連のスターリンから始まった。トップが交代するたびに雪解けと厳冬を繰り返したが、冷戦事態は持続しソ連が崩壊してようやく冷戦構造が終結したのである。

ということは今回の冷戦も中国共産党が崩壊するまで終わらない可能性が高いということだ。ソ連崩壊によってしばらく平和が訪れたが、中国・ロシアとの文化衝突が起こった。平和とは長い戦争の時代のつかの間の一時ということだ。

日本に大きく影響する2つの動き

米ソ冷戦と、今回の新冷戦との違いは、前回のフロントラインがヨーロッパであるのに対して、今回は日本がフロントラインになっている点である。そこで重要になるのが日本の同盟国ある覇権国、アメリカの動きだ。アメリカは中国に対して大きく2つの方向からの包囲を行っている。

その1つがキーデバイスである「半導体」を中心としたテクノロジーの規制。もう1つが安全保障である。

前者についてはBIS（アメリカ商務省産業安全保障局）が、2022年10月7日に、半導体、スパコン関連を中心に大幅な規制強化改正を公布した。その規制強化は同年10月21日に施行されている。これまでのEAR（輸出管理規則）改正の中で、日本企業を含む各国の企業の取引に最も大きな影響を与えるどころか、国際情勢そのものを変えるほどの規制強化だ。

このBIS、EARなどの「輸出規制」については第2章で詳説する。

もう1つが2022年11月15日にUSCC（U.S.-China Economic and Security Review Commission の略で「米中経済・安全保障調査委員会」）が発表した、「2022年 米国議会への年次報告書」である。USCCは、米中間の通商及び経済関係が国家安全保障に与える影響を監視、調査して議会に報告することをミッションとしているアメリカ議会の諮問機関だ。委員は上院、下院、民主党、共和党から各3人の計12人で構成され、議会への年次報告書提出が義務付けられている。

次ページにUSCC会長のアレックス・ウォン氏の「開会宣言」を掲載した。まとめれば、

・2022年に中国は新型コロナウイルスの国内感染爆発と不動産バブルの崩壊によって経済成長の減速を余儀なくされた。

・北京五輪で習近平国家主席はロシアのプーチン大統領と「無制限」の提携を発表。その後、ロシアはウクライナ侵攻に踏み切った。

・習近平氏はロシアへの経済制裁を目の当たりにして、台湾侵攻を実行した場合中国がどのようになるのかを知った。そこで制裁から隔離するための努力を倍加させている。
・習近平氏の個人的、戦略的野心、そして習近平氏と中国の歴史的地位は、かつてないほど明確なものとなっている。ゆえにアメリカは西側の利益と理想を維持し、防衛するために断固とした措置を取る必要性がある。

中国の台湾侵攻に対してハイレベルの警戒と喫緊の対応を議会に迫っているのである。後で詳述するが、中国経済を死に至らしめる準備を提言するほど踏み込んだ内容だ。

BISの規制強化と、USCCの年次報告書は2023年のデカップリングが新次元に突入することを示す非常に重要な動きだ。次章から1つ1つ紐解いていこう。

次章ではBISによる規制強化について解説する。

アレックス・ウォン委員長の開会宣言

米中経済・安全保障調査委員会 2022 年 11 月 15 日

おはようございます。米中委員会の 2022 年議会向け年次報告書の公表を歓迎します。今回もまた、全会一致の報告書をご紹介できることを嬉しく思います。全会一致は、この委員会の超党派的性格と、中国政策に対する超党派的アプローチの高まりを反映している。

この報告書の作成にあたり、卓越した、そして疲れを知らない仕事をした委員会スタッフに感謝したい。また、委員会が 1 年を通じて協議した多くの証人や専門家に感謝したい。そして、我々の使命にコミットしてくれた当委員会の同僚たちに感謝したい。中国との関係は、控えめに言っても、複雑である。そして、立法措置に転化できるような勧告を伴う合意アプローチを構築するには、専門知識、忍耐力、知恵が必要です。皆さんと一緒に仕事ができることを光栄に思います。

本報告書は、経済および国家安全保障に関する幅広いテーマについて、議会に対して 39 の提言を行った。我々は、今日、そして今後数日間、数週間にわたり、議員や委員会に対してブリーフィングを行うことを楽しみにしている。

そして、2022 年は中国共産党とその野心に対するアメリカの対応にとって、分水嶺となる年であることが証明されるかもしれない、ということです。

習近平総書記は、先ごろ閉幕した第 20 回党大会に向けて、順調な 1 年を過ごしたかったのだろう。習近平総書記は、党と中国政府機関をかつてないほど個人的にコントロールするための土台となる、国内での一連の成功や海外との友好的な関係を望んでいたのだろう。

しかし、それは得られなかった。それどころか、2022 年は中国にとって困難の年でした。国内では、中国の最も近代的で人口の多い都市でさえも次々と閉鎖されたCOVID の大流行との闘いが続きました。また、中国経済は、COVID による閉鎖と、長らく中国の富を生み出す原動力であった不動産部門の緊張により、減速を余儀なくされている。

そして、対外的には、中国と自由世界との緊張関係がより鋭くなった。この年は、習近平が北京で冬季オリンピックを開催し、中国が世界的な経済発展を遂げるためのショーケースとなることを期待したことから始まりました。

世界での台頭。しかし、中国の新疆ウイグル自治区で進行中の大量虐殺に対する抗議と外交的ボイコットによって、大会は傷付けられた。そして大会直前、習近平はロシアのプーチンとの「無制限」の提携を発表した。その3週間後、プーチンはウクライナへの無謀な侵攻を開始し、この新しいパートナーシップと中国の世界とのつながりが試されることになった。

この侵略は、台湾海峡から大陸を隔てた場所で起こっている。しかし、海峡を挟んだ対立が何を意味するのか、世界中の人々の関心を集めている。ウクライナへの侵攻に対する米国とそのパートナー国の統一的な対応は、習近平が台湾への武力行使に踏み切った場合に中国が直面しうる経済制裁やその他の措置に目を向けさせることになった。

そして、その結果、中国経済を制裁から隔離するための努力を倍加させていると思われる。

米国とそのパートナーにとって、ウクライナ紛争は、大国による、あるいは大国間の戦争が現代における現実の脅威であることを痛感させるものである。そのため、我々は新たな緊急性をもって、重要物資の中国への依存を減らす方法、紛争を抑止する手段を強化する方法、紛争や強制に対応するための強力な連合を構築する方法について現実的に評価する必要に迫られているのである。

委員会の勧告の中には、そのような取り組みを進めようとするものが数多くあります。私たちは、**制裁やその他の経済的措置の発動を計画することができる常設の省庁間委員会の創設**を提言する。また、**長期的な競争や紛争に耐え、勝利するための備えを我々自身が確保するために、経済・安全保障準備・弾力性局の創設を提言**する。さらに、**台湾の国防費増加へのコミットメントを強化する米台共同計画機構と連動して、米議会がわが軍に多年度の防衛費を大幅に追加できるようにすることを提言**する。

今年は米中関係において、決して順調な年ではなかった。しかし、明確な一年であった。習近平の個人的、戦略的野心、そして彼と中国の歴史的地位は、かつてないほど明確なものとなっている。そして、それに呼応して米国が我々の利益と理想を維持し、防衛するために断固とした措置を取る必要性もまた然りである。

それでは、グラス副委員長にお願いします。

第2章

「半導体」規制で世界構造が変わった

アメリカの制裁を理解する2つの基本

デカップリングを理解する上で必須なのは「ヒト・カネ・モノ・テクノロジーの分断」である。

国際金融取引、貿易決済などで使われる主要通貨は基軸通貨「ドル」で、その「ドル構造」の上位に円、ユーロ、ポンドなど西側の発行通貨が連なる構造だ。また、半導体やコンピュータ、情報、通信など現在のテクノロジーの基礎のほとんどが西側、特にアメリカ産だ。

アメリカによるドル・部材・技術をデカップリングする制裁は西側全体に連動するので、被制裁国の国力そのものを削っていく。ウクライナ戦争以来、ロシアには「カネ・モノ・テクノロジー」の制裁が科され続け、結果、半導体の入手や自動車の生産が極めて困難な状況になっているのが、その証左だ。

「ヒト・カネ・モノ・テクノロジー」の制裁の仕組みを理解することは、東西デカップリング時代を見通すキーということになる。

2018年の米中貿易戦争開始以降、アメリカは中国に対して「モノ・テクノロジー」に規制を科してきた。あまりにも多くの品目、業種、企業、分野に対して行ったため非常に複雑なように見えるだろう。

だが2つの基本を押さえれば、制裁の全体像を俯瞰できる。それは「カネ」に対する「SDN」、「モノ・テクノロジー」に対する「EL」(エンティティリスト)だ。

アメリカで経済制裁を管轄する省庁は商務省(BIS)、財務省(OFAC)、国務省(DDTC)、国務省(ISN)である。

各省庁が独自に「ブラックリスト」を作成し、それに基づいて行われている。輸出管理では商務省、金融制裁なら財務省となる。また入国管理においては、国土安全保障省といったように、各々の省庁によって制裁が管理されているのだ。

省庁ごとの経済制裁の内容をまとめた表を「アメリカ政府による制裁一覧」(次ページ)として掲載した。

米中貿易戦争が始まって以降、アメリカは中国に対して制裁を行っているが、USCCが「USCCレポート2021」で問題を指摘することになる。

日本の行政機構は「縦割り」といわれることが多いがアメリカも同様で、商務省の制裁

アメリカ政府による制裁一覧

リスト名	内容	管轄省庁
Denied Persons List (DPL)	EAR違反禁止顧客リスト。違反により輸出権限を剝奪されている企業・個人を指す。原則として、EAR対象品目（直接製品を除く）の輸出・再輸出に係わる、掲載企業との取引は禁止されている。	商務省 (BIS)
Unverified List	未検証エンドユーザーリスト。米国政府が許可前のチェックや許可証を使用した輸出の出荷後検証を実施することができない組織のリストを指す。不正転売やWMD（大量破壊兵器）拡散のリスクの観点で警戒を要する。	商務省 (BIS)
EL（Entity List）	WMD（大量破壊兵器）拡散懸念顧客や米国の安全保障・外交政策上の利益に反する顧客等のリストを指す。掲載企業に輸出するにはEAR99製品も許可要の場合がある。	商務省 (BIS)
SDNリスト (Specially Designated Nationals List)	国連制裁国、米国禁輸国、テロ支援国の政府関係機関、関連企業等の企業・個人のリストを指す。違反者リストではないが、掲載企業・個人への米国人の関与を禁止している。また、テロ組織や大量破壊兵器拡散者（NPWMD）なども掲載されており、これらの掲載者向けにEAR規制対象品目を輸出・再輸出する場合にはBISの許可が必要である。	財務省 (OFAC)
Debarred List	武器輸出管理法（AECA）違反禁止顧客リスト。ITARの下で輸出権限を剝奪されている企業・個人のリストを指す。EAR規制対象品を輸出することは禁止されてはいないが、警戒を要する。	国務省 (DDTC)
Nonproliferation Sanctions	各種の制裁法に基づく指名者を指す。個別に連邦官報で公表される。まとめたリストはない。	国務省 (ISN)

が財務省の制裁と重ならない状況が生まれた。そこで「USCCレポート2021」では、ある省庁が対中制裁を発動した場合、他の省庁も連動する形で新たな「制裁の統一」を行う法律を作ることをアメリカ議会に求めたのである。

このようにアメリカの制裁が各省庁間でバラバラであることが制裁の理解を妨げる障壁になっているのだ。

しかし特に重要な鍵になるのが財務省の「SDNリスト」に基づいた金融制裁と、商務省のELに基づいた輸出規制という「モノ」に対する制裁だ。そこでこの2つを整理していこう。

「SDN」とセカンダリーボイコット

「SDN」とはSpecially Designated Nationals And Blocked Personsの略で直訳すると、「特別指定国民及びブロック対象者」だ。

アメリカ財務省はインテリジェンス機関の外国資産管理局（OFAC）を支配下に持っている。このOFACはテロリストや犯罪組織を調査し「SDNリスト」に入れて、金融制裁の対象としているのだ。

日本では六代目山口組などの広域指定暴力団、その組長、幹部などが「ＳＤＮリスト」入りをしているように対象は個人だけではなく、法人などの組織に及ぶ。

リスト入りした人物、組織は世界中の金融機関の口座が凍結される。

どうなるのかの好例が「香港」だ。

前述したように２０２０年6月30日、中国政府は香港の「一国二制度」を事実上破棄する香港国家安全維持法を成立、即日に施行した。これに対してアメリカでは同年７月１日と2日、アメリカ下院、上院が相次いで中国に対する制裁法案「香港自治法案」を全会一致で可決。同年7月14日には当時、大統領だったトランプ氏が署名して同案を成立させた。

この香港自治法では、香港の自治、人権の侵害を行った対象者をＳＮＤに指定し、セカンダリーボイコット（二次的制裁）を行う。

すなわちＳＤＮ指定された対象者と取引すれば、その取引銀行もドル決済禁止となり、国際金融取引ができなくなる。そればかりか、銀行役員「個人」も金融制裁の対象としたので、金融機関の役員個人も「テロリスト」と同じ扱いになるという極めて強い制裁だ。

「香港自治法」が対象とするのは中国系だけではなく、「香港の自治、人権侵害にかかわった」世界中のすべての銀行ということになる。制裁が科せられた銀行はドル取引が停止するのだから、破綻は必至だ。制裁を実行される前に、金融機関はSDNに指定された人物の口座を停止して返金する他ない。

2020年8月7日、香港国家安全維持法の執行等に関与したことや香港の自治を脅かしたこと等を理由として11人の個人をSDNに指定。「香港イレブン」と呼ばれた対象者の中には当時の香港の行政長官であるキャリー・ラム氏、司法長官、安全保障長官、香港警察長官、香港国家安全維持公署署長、香港を担当する中国政府高官などが含まれた。

実際にキャリー・ラム氏は銀行やクレジットカードが利用できなくなった。キャリー氏の年収は521万香港ドル（約7000万円）とされているがテレビインタビューで、「自宅には現金の山がある。政府からの給与は現金で受け取っている」とし、「日々のあらゆる支払いを現金で行っている」と明かした。

さらに2020年11月9日には、香港国家安全維持公署副署長等を含む4人がSDNリストに追加され、同年12月11日には、全国人民代表大会常務委員会副委員長の14人がSDNリストに加えられた。

2022年5月8日には香港行政長官選挙が行われ、政務官だったの李家超（ジョン・リー）氏が新たな香港の行政長官となった。しかし李家超氏はすでに「香港イレブン」でSDNに指定されている。

したがって現金だらけの環境で生活を送っているということだ。うらやましいと思うのは、誤解だ。おカネは流動させなければ価値を持たないが、現金は圧縮しなければ流動性が保てない。車1つ買うのにアタッシェケース、家一軒ならトランクが必要になる。

しかも香港ドルはドルによって価値を裏付けられた、事実上のドルペック通貨だ。デカップリングによってドル－香港ドルの取引が分断されれば紙クズになる。SNDによってドル交換も難しいということで、むしろ危機的生活を送っているといえるだろう。

「モノ」への制裁

そのSDNリストに連動するのがアメリカ商務省が「ECRA」という法律によって作ったEL（エンティティリスト）に基づいた制裁だ。

ECRAはアメリカの対中輸出規制の根拠となっている法律で、2018年に成立し、2

019年から運用が始まった。

もともと軍事転用が可能となる品目の輸出については、アメリカ商務省産業安全保障局（BIS）がEARというルールによって管理していたが、トランプ政権がEARをより厳格化してECRAを成立させたのが経緯だ。

この意味を考える上で押さえておきたいポイントが、自由主義陣営が東西冷戦時代、共産圏への軍事技術や戦略物資の輸出を禁止したのがCOCOM（対共産圏輸出統制委員会）である。

しかし東西冷戦の終結に伴いCOCOMは有名無実化し、現在では、通常兵器や関連技術が第三国へ過度に売却されたり、テロリストに渡ったりするのを防止するための紳士協定、ワッセナー・アレンジメントとして残るのみになった。このワッセナー・アレンジメントは42カ国が協定を結んだ。

EARを厳格化したECRAは、COCOMになぞらえて「新COCOM」ともいわれる。

ECRAは、EARに恒久的な法的根拠を与えると同時に、既存の輸出規制ではカバーし切れない新しいハイテク技術（新興技術・基盤的技術）のうち、アメリカの安全保障にとって重要な技術を輸出規制するというものだ。

アメリカ商務省は、ＥＣＲＡに基づいてＥＬ（エンティティリスト）に掲載し、輸出規制をかける。２０１９年5月、ファーウェイと関連１１４社を、国家安全保障や外交政策上の懸念がある企業や個人を指定。ＥＬリストに記載した。

アメリカ企業は、このＥＬに掲載された企業との取引を禁じられる。外国企業も、ＥＬ掲載企業に対して、アメリカ原産技術が25％以上含まれる製品を提供（再輸出）した場合、アメリカ企業と取引ができなくなるのだ。

この取引禁止となるアメリカ原産技術の含有比率は対象によって変動する。テロ支援国向けでは10％超、特定対象は少しでもアメリカ産技術が入った場合、制裁対象となるのだ。

加えてＥＣＲＡでは、これらの新しいハイテク技術の輸出規制とは別に、
・包括的武器禁輸国に対する輸出、再輸出
・国内移転についての許可要件の見直し
・大量破壊兵器の開発に転用できる品目の輸出管理を目的としたエンドユース規制の見直し
・軍事エンドユースの支援を目的とした活動または機能を担うあらゆる個人・機関への輸

出管理と、対象を拡大した。

実際、この輸出規制強化により、世界最大のファウンドリ（半導体受託生産メーカー）である台湾のＴＳＭＣ（台湾積体電路製造：台湾セミコンダクター・マニュファクチャリング・カンパニー）は、２０２０年9月中旬以降、ファーウェイ向けの新規半導体の出荷を停止している。

さらに商務省が２０２０年12月に公表したのが、前出の「軍用エンドユーザー規制」の対象をリスト化した「軍用エンドユーザーリスト」だ。ＥＡＲの軍事エンドユーザー規制の適用対象を確認的に掲載したものとなっている。

ただし、それ以外でも中国・ロシア・ベネズエラ・ミャンマー・イラク向けで「軍事エンドユーザー」の定義に該当する場合は適用対象となる。

「軍事エンドユーザー」の定義は、

・国の軍（陸軍、海軍、海兵隊、空軍、又は沿岸警備隊）、国家守備隊、国家警察、政府の諜報・偵察機関

・「軍事エンドユース」の支援を意図した活動又は機能を有するあらゆる個人、企業、法人、

組織

と、なっている。

EARで規定された一定品目の輸出・再輸出・国内移転は、用途が民生であっても、軍事エンドユーザー規制が適用され、許可が必要とされているものの不許可が原則となっているのだ。

商務省のEL、軍事エンドユーザーリストに掲載されると、アメリカ人及びアメリカ産技術を用いた製品は取引できない、または取引に際して商務省の特別な許可が必要になる。

この場合の「アメリカ人」とは、アメリカ人、アメリカ居住者、米国グリーンカード保有者と広範だ。またアメリカ企業、さらにはアメリカ企業が運営するインデックスファンドなどからも対象となった企業を排除する必要がある。また当該企業が含まれるインデックスファンドに「アメリカ人」などが投資できなくなるのだ。

ところがこの制裁は、中国に対して有効に機能しているとはいい難い側面があった。というのは習近平国家主席が「軍民融合」という国家戦略を主導していることで、軍事・民間の区分けが付かない構造になったからである。

そこでアメリカはさらなる規制強化に踏み切った。それは「規制」と呼ぶより制裁と呼ぶべきで、事実上の「半導体禁輸」である。

規制逃れを続々と封鎖され…

中国企業で第5世代移動通信システム、すなわち5Gの技術を持つのはファーウェイだ。ところがファーウェイは、アメリカからの規制によって5G半導体を入手できなくなった。

このため2021年6月、ファーウェイは半導体内製化を目的に、深圳市のバックアップにより同社元幹部に深圳市鵬芯微集成電路製造（PXW）を設立させた。台湾のTSMCに代わるファウンドリを得ようとしたのである。

そしてPXWはアメリカの規制の対象外となる回路線幅技術ノード28nmから20nmという規格で生産準備を進めていた。半導体の製造のための各種ライセンスと装置の購入契約を結び、工場を完成させようとしていたのである。

ところが2022年12月15日、アメリカはPXWをELに加えた。このことでライセンスが無効になり、購入契約も白紙化してしまったのだ。

後に残ったのは、巨大なクリーンルームのみということになった。

この2022年12月15日の追加規制には、PXWを含めた計36社の中国企業がELに指定された。中国随一のAIチップ企業の中科寒武紀科技（カンブリコン・テクノロジー）、中国随一の露光装置メーカー上海微電子装備集団（SMEE）、オランダの半導体製造装置メーカーASMLと提携し米国技術を使わない半導体生産を目指していた上海集成電路研発中心も輸出規制の対象になったのである。

つまり、中国の半導体企業が、アメリカの規制を逃れようとすると、逆に規制が強化され、旧型の半導体すら作れなくなってしまう可能性があるのだ。

また、「国防権限法（NDAA）2023」では、アメリカ政府調達企業は、下請け孫請けなどを含めて中国産半導体を利用した製品を使ってはならないとした。5年の猶予期間が設定されているものの、アメリカは政府関連企業からの中国半導体の追い出しを始めたということだ。

これにより、ほとんどのアメリカ企業が脱中国半導体を目指すことになる。またアメリカに顧客を持つ日本企業も、この「国防権限法（NDAA）2023」を遵守する必要が出てきた。なぜなら対応しなければ、販売できないからである。

これまでアメリカは中国の半導体に対して「最先端を作らせない」という方針だった。ところが2022年を経て、現行の主力半導体を「作らせない。販売しない、売らせない」という方向に変化させたのである。

まさに「中国工業の焦土化」と呼ぶべき規制で、もはや「制裁」レベルだ。

例えば、中国でEVを作っても、5Gは搭載できない。ということはこれまで中国政府が目玉にして開発してきたAI自動運転が載せられないということだ。

これでは単なるゴーカートしか作れない上、ゴーカートを買う国もない。このまま規制が強まればモーター制御なども行えなくなるだろう。中国製EVは半分死んだということだ。

アメリカはテクノロジーの輸出、再輸出をコントロールできると伝えているのである。

背景にあるのは習近平国家主席自らがトップをとり推し進めている「軍民融合」とされている。例えばEV+AIの自動運転技術の組み合わせは、そのまま「軍事用陸上ドローン」に転用できるからだ。

「軍民融合」戦略が制裁レベルの強化を生んだ

2022年10月7日、BIS（アメリカ商務省）は半導体、スーパーコンピュータ関連を中心としたEARを大幅に規制強化することを発表。同月21日から施行した。規制発表の際、BISの輸出管理担当、アラン・エステベス商務次官は、

「同盟国やパートナー国との調整を継続しながら、中国の脅威に確実に対処するため、今回のEAR改正を実施した」

と述べているように、これは「西側」からの事実上の半導体の対中禁輸措置である。ところがこの衝撃力は、多くの日本人に共有されていない。

今回の規制強化の対象企業はアメリカ本国に留まらない。

・アメリカ原産品目を第三国から輸出する
・アメリカ原産品が25％以上含まれている品目を第三国から輸出する
・アメリカ製の技術、ソフト、機器などを使って製造した機器を第三国から輸出する

のいずれかに該当する場合BISの許可が必要になる直接製品規制になるからだ。アメ

リカ製の半導体製造装置や設計ソフト等を使って台湾、韓国、日本で製造した半導体の対中輸出についてBISの許可が必要になったのである。

この規制は2020年5月からファーウェイと関連企業向けに初めて適用された。そしてウクライナ侵攻に対するロシア・ベラルーシ向けの軍事関連企業に後半に適用され、今回は中国の半導体、スパコン向けに適用されたのである。

その特徴を次ページ表「今回の規制強化の特徴」にまとめた。これにそって整理していこう。

この規制は対象の輸出、再輸出、同一国内移転の禁止を定めているということで、前述したCOCOMが1994年に解散して以降、初となるほどの強力なものだ。しかも軍事用やファーウェイなどの特定の企業ではなく開発、製造する企業も含めて広範にカバーしている。

その理由は中国の科学技術の発展形態にある。

2012年11月15日の第18回党大会一中全会中共中央軍事委員会主席に選ばれた習近平は、同年12月23日、軍事委員会常務委員会で、

「軍民融合は我が軍を建設する基本だ」

今回の規制強化の特徴

①	1994年のCOCOM解散後、最も強い規制で、むしろ「禁輸制裁」と呼ぶべきほどの内容
②	先端半導体分野、スパコン分野という特定重要分野について、特定の指定企業だけでなく、それらを開発・製造する企業全般を、純粋民生用途であっても禁輸対象とした
③	先端半導体開発・製造企業だけでなく、それ以外の半導体開発・製造企業に対しても、一定の試験装置・検査装置・製造装置、材料、ソフトウェア、技術の輸出を要許可として、原則禁輸とした
④	アメリカ企業だけでなく、非米国企業の米国以外から輸出も含めて包括的に輸出規制対象とした
⑤	中国にある韓国、台湾等の西側外資企業の半導体工場向けの輸出も規制対象とした
⑥	アメリカ企業・アメリカ人（永住権者を含む）による、中国の先端半導体の開発・製造への一切の関与が禁止された

とした。それから約5年の時間をかけてトップとして中国国内の構造を改革し、2017年には自らがトップを務める中央軍民融合発展委員会を立ち上げる。「軍民融合」については第3章でも詳述するが、もはや中国企業は軍事、民生の区分が困難な状況にあることから「全体」への準禁輸となった流れだ。

しかもこの規制は、SDNのセカンダリーボイコット同様にアメリカ以外の国の企業にも適用される。まさに「西側」全体が中国に対して半導体、スーパーコンピュータ関連の製品、技術供給を包括的に遮断したのだ。

さらに規制は中国国内の外資系企業の半導体工場向けの輸出も対象にしている。これまでスマーフォンや自動車のメーカーは工場周辺に部材の工場を設置し「製造団地化」するサプライチェーン構造を構築していたが、そのキーデバイスである半導体が生産できなくなったのだ。

日米台韓の「Chip4」で中国と分断

当然のことながら、今回の規制強化は日本に大きな影響を与える。

というのは2022年3月、アメリカ政府は、日本・アメリカ・韓国・台湾による半導体同盟「Chip4」構想を打診。同年7月にはジョー・バイデン大統領が「Chip4」の実務会議を翌8月に開催することを通知した。同年7月29日に初開催された日米経済政策協議委員会では、次世代半導体開発について日米同盟をスタートすることが決定している。

並行してアメリカ政府は米国内での半導体助成金についての法整備を急速に進めた。2022年7月にはアメリカ上院、下院で「チップスプラス法（CHIPSと科学法）」が成立。同年8月9日にはバイデン大統領が署名した。さらに同月25日にはバイデン大統領がチップスプラス法実施の大統領令に署名している。

同法は中国との技術競争力強化のための総額約2800億ドル（約37兆4826億円！）もの巨額の法律だ（次ページ表「チップスプラス法の概要」参照）。

2022年10月のBISによる半導体の対中禁輸は、この「チップスプラス法」と連動する形で公布された。したがって、半導体の対中禁輸で4カ国が足並みを揃えることは確定的といえるだろう。

半導体、スーパーコンピュータ関連については日本独自の技術であっても外為法の輸出

チップスプラス法の概要

省庁横断の運営委員会の設立	ブライアン・ディーズ国家経済会議（NEC）委員長、ジェイク・サリバン大統領補佐官（安全保障）、アロンドラ・ネルソン科学技術政策局長代行を共同議長として政府高官が委員	
優先事項の設定	納税者の税金の保護	資金援助などの申請に対して、コンプライアンスと説明責任に基づく精査
	経済と安全保障上の必要性を満たす	米国の生産性と競争力を引き上げる国内の製造能力を構築することで半導体の外国依存を軽減し、経済と安全保障上のリスクに対応
	半導体分野での長期的なリーダーシップを確保	未来の産業での米国の長期的なリーダーシップを確保するための半導体の研究やイノベーションのためのダイナミックかつ協力的なネットワークを構築
	地域の製造・イノベーションクラスターを強化・拡大	多くの企業に利益となるよう、半導体関連の地域的な製造・イノベーションクラスターの拡大、創出、連携を円滑化
	民間投資の促進	政府が生産、ブレークスルー技術、労働者への大規模な民間投資を最大化するために、資金的なインセンティブを与える
	幅広い利害関係者と地域への利益を生み出す	スタートアップや労働者、マイノリティー、退役軍人、女性が経営する事業や地方事業を含む社会的・経済的に不利な事業、大学、州や地域の経済に対して利益を生み出す

管理の対象になることになる。

こうした時、中国は「技術を持ったヒト」を輸入することで、補塡を行ってきた。技術者や研究者に莫大なカネを支払って中国に移住させ、技術を移転させるというやり方だ。ところが今回の規制には、

「Restricts the ability of U.S. persons to support the development, or production, of ICs at certain PRC-located semiconductor fabrication "facilities" without a license」

という一文が盛り込まれた。翻訳すれば、

「アメリカ人がライセンスなしに、中国にある特定の半導体製造施設でのＩＣの開発または生産を支援する能力を制限する」

というものだ。

この「アメリカ人」とはアメリカの市民権、永住権を有するヒトを指す。指定された関連製品を輸出・移送するのはもちろん、口頭を含む一切の技術提供、その他の支援等の関与ができなくなったのである。

このことで中国の半導体メーカーや装置メーカーに勤務する多数のアメリカ人――そのほとんどが中国系アメリカ人だが――は「退職して米国に帰国する」か、「アメリカ国籍を

捨てて勤務を続ける」かの選択を迫られることになった。

その結果、多数のアメリカ人が中国を離脱することになったことが複数の海外メディアで報じられている。

前述した「Ｃｈｉｐ４」の流れから考えれば、この規制が近い将来日本人にも適用される可能性は充分にある。つまり、現行の主力世代を含む先端半導体分野において、日本人（企業、永住許可者）を含む技術情報などの一切の提供ができなくなるということだ。

また同様に台湾、韓国での適用の可能性も高く、そうなれば中国の現行世代を含む半導体工場から人を引き上げなくてはいけなくなる。

日米韓台の半導体の生産能力は、世界全体の実に70・２％に達するのだ（次ページ図「地域別ウェハの生産能力」参照）。半導体分野で新ＣＯＣＯＭ体制が発足することは間違いない状況といえるだろう。

特に台湾人技術者、研究者は中国の半導体工場のメインとなっている開発者、オペレーターを務めている。この台湾人技術者、研究者が中国から引き上げた場合、半導体工場の多くが稼働不能になる可能性が高い。

地域別ウェハの生産能力

2020年12月時点　200mmウェハ換算・月産

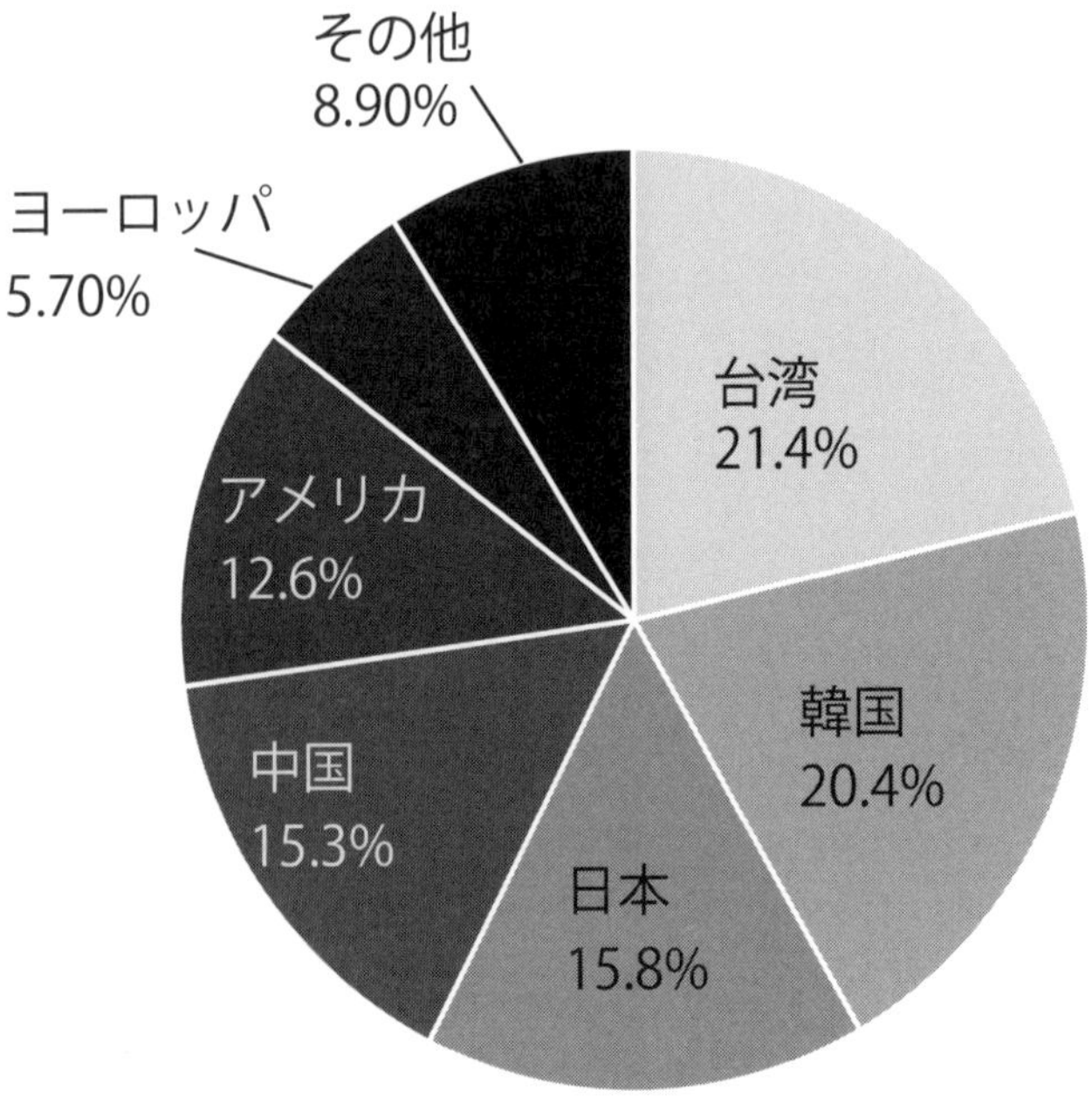

（「IC Insights」「Wafer Capacity at Dec-2020-by Geographic Region」を元に作成）

中国に忖度する日本企業は存亡の危機に

半導体の新ＣＯＣＯＭは日本企業にどのような影響を与えるのか——そのことを考える上で参考になるのが、「東芝機械ＣＯＣＯＭ違反事件」だ。

１９８７年、東芝機械が伊藤忠商事とダミー会社を通じてソ連に工作機械を売却したことが、関係者の密告によってアメリカ政府に暴露された。この機械は船のスクリューを加工できるもので、東芝機械も伊藤忠商事もＣＯＣＯＭ違反であることを知りながら、輸出をしていた。

ソ連を仮想敵国としていたアメリカは、日本から輸出された工作機械によってソ連の潜水艦のスクリュー音を探知する能力が、著しく低下したと主張。外交問題に発展したのである。

アメリカ議会では東芝ばかりでなく日本からの「対米輸出禁止」といった強力な規制法案が乱発されたが、東芝側は猛烈なロビー活動を展開して致命的な制裁を逃れた。

この事件以降、日本の安全保障輸出管理が本格的に開始されたのである。

当時はアメリカの対日貿易赤字が膨らみ続けて、日本に対して危機意識を抱いていた。つまり政治的問題の側面も大きく影響したということだ。

特に現在は中国がアメリカの覇権に挑んでいる戦時である。中国との取引が政治的に問題視されれば、企業は存亡の危機に陥るのが東芝機械の一件が残した教訓だ。

すでに2017年からの米中貿易戦争の開始で、対中輸出のリスクは常在し上昇する結果しかなかった。日本企業は中国からの撤退に向けて動き始めなければならなかったはずだ。

実際に2020年にファーウェイに対して直接取引をする規制が発動され、日本の半導体関連企業は大きな影響を受ける。ここまで解説したように2022年の半導体禁輸は直接取引だけではなく、開発、製造という技術、ソフト、ヒトにまで広がっているのだ。しかもファーウェイに対しては一部が許可されるケースもあったが、今回の規制は「原則不許可」となっている。

アメリカ原産品の輸出、再輸出、同一国内移転の禁止によって半導体、スーパーコンピュータ関連の「対中貿易」には多くの「地雷」が埋まることになった。例えば中国に輸出した日本製製造機械の中にアメリカ製の部品があれば、メンテナンスの時にその部品は供給できなくなる。企業は当然、消耗部品をストックするが、再輸出、同一国内移転も禁止されているため、現在の在庫はすべて中国国内で使用することができなくなったのだ。

さらに日本企業でアメリカ人を雇用していたとすれば、日本製機械であっても中国への取引、メンテナンスは一切できなくなる。東芝機械の事件でも明らかなように代理店を通じても対中貿易には巨大なリスクが伴うことになるということだ。

そもそもこの状況で、中国国内で安全にモノを製造することができるとは思えない。前述したホンダやダイキンのサプライチェーンの組み替えは、このリスクへの対応である。

当然のことながら日本企業からの対中輸出は激減する可能性が高い。激減によって企業の対中収益も減ることになるが、潰れるよりははるかにマシであることはいうまでもない。

戦前の日本に対してアメリカを中心とした列強は、戦略物資を禁輸する「ＡＢＣＤ包囲網」を敷いた。地球儀を俯瞰して見れば、今回の東西デカップリングは前述したように文化衝突である。従って、２０２２年10月の半導体禁輸は、中国に対する禁輸の始まりに過ぎない可能性は高い。

西側の企業である限り、中国は触れ得ざる禁忌になりつつあるということだ。

こうして整理していくと日本企業が、中国とビジネスを持続すること自体がリスクになってしまったことがわかるだろう。アメリカによる制裁に近い規制対象は拡大する。それに伴って、前述したホンダ、ダイキンのように、日本企業の脱中国は進んでいく可能性は高い。

「脱中国」の問題点

そこで改めて考えなければならないのが、「不可抗力条項」だ。

例えば地震、津波、火山噴火、あるいはパンデミックなどの天災地変。戦争、テロ、内乱などの社会的事変。ストライキ、ロックアウトなどの労働争議。法令の改廃や制定、公権力の命令、処分から輸送機関や倉庫保管中の事故など、契約当事者にはどうにもならない事態が発生したとする。

こうした「不可抗力（フォースマジュール）」によって契約が守れない場合、契約者が責任を負わないことを定めた条項が「不可抗力条項」である。通常海外企業が契約する時、「不可抗力条項」を盛り込むことは慣例となっている。

この「不可抗力」という用語が近代の初めに初めて導入されたのは、１８０４年制定の「ナポレオン法典」だ。不可抗力の理念自体は、３７００年以上前のハンムラビ法典や、古代ローマの法令にも表れており、古くから取引上の論点となっている。

この「不可抗力」の重要性を日本企業に突き付けたのが、ロシアのウクライナ侵攻である。

ウクライナ侵攻によってロシアに科された経済制裁によって、ロシアの国内経済は混乱。ロシアからの注文がキャンセルされたり、発注企業そのものが倒産してしまうリスクがある。

後述するが西側による対ロ制裁には海運、飛行機などへの再保険が拒否されたため大手海運業者はロシア発着の荷受けを停止した。またロシアが領空内を飛行禁止としたため、航空便も迂回せざるを得ず、便数も半減することになった。

半導体についてはすでに書いたが、より大きな問題が銀行間のクロスボーダー決済システム、ＳＷＩＦＴからロシアの銀行が排除されたことだ。これでは決済を行うことができない。

一連の出来事は日本企業にとって不可抗力だ。契約書に「不可抗力条項」を盛り込んでおけば、このことで生じたすべての取引の契約不履行や遅延に対して、取引先と係争が起こった場合でも、不可抗力を論証することで責任を回避することができるのである。

ここで問題になるのが日本と国際社会との法解釈の差だ。

例えばアメリカの裁判所には契約書と矛盾するような他の証拠を考慮しないという「口頭証拠排除原則」や、契約書外の事情は考慮しないという「フォー・コーナーズ・ルール」が存在する。契約書にないものを裁判所が認めないリスクが高いため、「不可抗力条項」も考える限りのものを盛り込むのだ。

対して、日本は、当事者間の協議状況や交渉内容、業界の慣習といった「契約書外の事情」を重視する傾向がある。

だから海外の企業間契約書は分厚く、日本の契約書は薄いのだ。日本企業が国際法務に弱い理由も、こうした独自の習慣にある。

ただし、相手が中国企業で、係争地が中国国内の場合は、かなり厄介なことになる。というのは中国では正統な裁判が行われないからだ。

一方で「不可抗力条項」は日本国内向けには効力を持つ。例えば政府命令で中国を脱出した場合、株主への損失説明に「不可抗力」を使うことができるのだ。また、損出については政府に賠償請求などを行うこともできる。

日本企業の中国脱出を促すためには、日本政府も何らかの対応を決断しなければならないということだ。

国際機関は利用するだけで従う意思はない

アメリカの「準制裁」的な半導体規制に対して、2022年12月12日、中国政府の商務部はWTO（世界貿易機関）に提訴した。しかし、WTOでは21条に安全保障例外条項があり、安全保障を理由にする限りWTO違反とはならない。

WTOを巡る米中対立について若干補足する。

WTOに持ち込まれた問題はパネル（下級委員会）と上級委員会の2審で判断される。上級委員は7人で構成され、そのうち3人が一事案の審理を担当する仕組みだ。

ところが上級委員は2017年年以降、相次いで任期満了や自発的に退任し、2020年11月にホン・ジャオ氏（中国）の任期が切れて以降、誰もいない。

つまり、審理ができない状況に陥っている。

WTO上級委員の任期一覧

上級委員	国籍	任期
ホン・ジャオ	中国	2020年11月
ウジャル・シン・バティア	インド	2019年12月
トーマス・R・グラハム	米国	2019年12月
シュリー・バブー・チェキタン・サーバシング	モーリシャス	2018年9月
リカルド・ラミレス・ヘルナンデス	メキシコ	2017年6月
ヒョンジョン・キム	韓国	2017年7月
ペーター・ファン・デン・ボシェ	ベルギー	2017年12月

全て
欠員

2023年1月現在では審議が不可能な状況

その理由はアメリカが上級委員の選考プロセスを拒否しているからだ。というのは長期間にわたって上級委員会が反米的な裁定を出し続けてきたからである。アメリカは、上級委員会が審理期限を守らないこと、またパネルの事実認定を覆すなどの権限逸脱行為が行われていることを批難する姿勢を維持している。

2021年2月15日には、WTOの事務局長にオコンジョ＝イウェアラ氏が就任した。イウェアラ氏は一帯一路の投資先として莫大なチャイナマネーがなだれ込んだナイジェリアの出身である。

新型コロナウイルスの感染拡大初期にWHOが拡大の発祥地である中国をかばった。エチオピアが一帯一路によってチャイナマネーに汚染される際、エチオピアの外務大臣だったのが、WHO事務局長のテドロス・アダノム氏だ。

中国擁護とアダノム氏の経歴は無関係ではない。

中国は、2001年に為替と資本移動の自由化、規制緩和を約束し、WTOに加盟した。しかし、それが何1つ守られていない。それどころか、国有企業改革の名のもとに民間企業を国有化したり、不正な補助金により企業を支援している現実がある。

そもそも論として中国にWTOを利用する意思はあっても、従う意思はない。それはW

TOに限らず、国際司法裁判所も含む。あらゆる国際ルールは自分たちが利用するためにあって、従うつもりはないのである。

2022年12月9日にWTOのパネルはトランプ政権時代の2018年に課した鉄鋼・アルミニウムに対する関税がWTO協定に違反すると判断した。だが前述した半導体の提訴も含めて、WTOの解決能力はすでにない。

だからこそアメリカは新たな枠組みを作り、中国への圧力を強めているのである。半導体同盟、Chip4はその始まりであり、ワッセナー・アレンジメントの強化や新COCOM構想も中国を中心とした東側排除の仕組みとして、他の分野へ拡大する可能性は高い。

規制と制裁から逃れるために…

公益社団法人「日本経済研究センター」は、2020年には2029年、2021年では2033年に中国のGDPがアメリカのGDPを上回ると予測していた。ところが2022年12月14日に公表した「アジア経済中期予測」では、中国がアメリカを超えることはなく、2030年代は1%成長に定着すると予測を大幅に下方修正している（次ページ図

「中国はアメリカを超えられない」参照)。

その理由は、習近平政権第3期によって「文革2・0」ともいえる「共同富裕」を加速させ、IT企業を中心に締め付けが行われること。また、コロナ対策の失敗。特に解説した2022年10月の半導体禁輸は甚大な影響を与えることに原因があるとしている。

内政的な問題だけではなく、外政的にも新COCOMの対象品目が増えていけば中国はますます追い詰められる。

自分たちが追い詰められる原因は既存の国際システムに依存しているからだ。そこで中国は国際システムからの離脱——すなわち「鎖国」へと向かうことになった。

独裁を確立した習近平体制は、経済政策において、内需の拡大を謳って国内で完結する経済を構築しようとしている。企業を政府が掌握する「共同富裕」はその典型例だ。

また2020年1月7日には、中国教育省が中国国内のすべての公立小中学校で外国の教材を使うことを禁止する指針を発表。2021年9月1日の新学期開始と同時に、小学校から高校まで授業で「習近平思想」の教育が始まった。同月2日には中国政府が、外国文化を対象に娯楽産業への規制を強化している。

まさに「鎖国」だ。

中国はアメリカを超えられない
米中逆転はならず

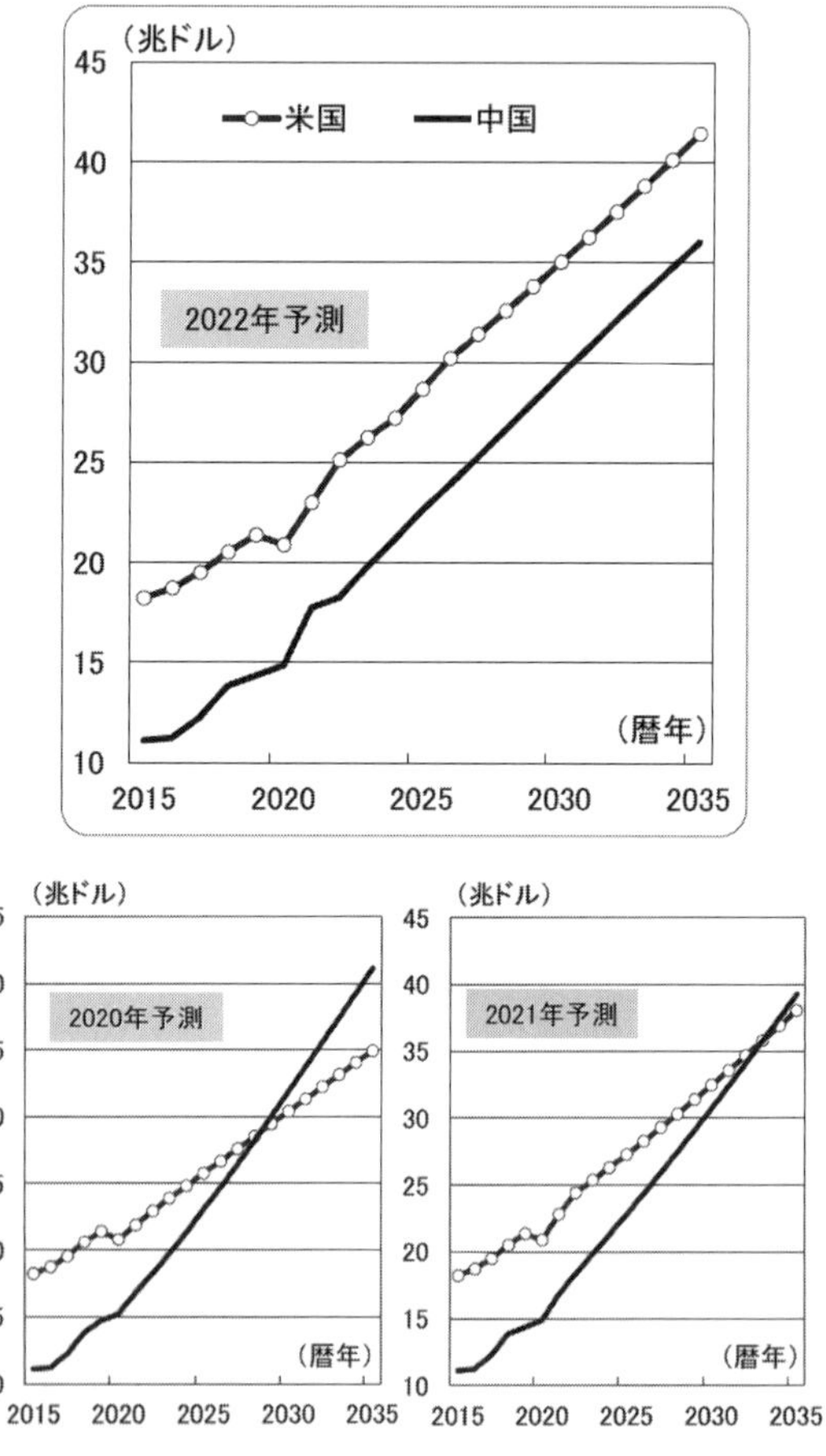

(注)ドル建て名目GDPの推移。
(資料)IMF、日本経済研究センター
(日本経済研究センター「アジア経済中期予測」2022年12月14日より)

その上で中国は「経済共同体」としての「中華国」を増やし、中国経済圏を拡大しようとしている。まさにブロック経済による鎖国政策であり、中国経済圏と西側経済圏の分離を進めているのだ。

その端的な表れが上海協力機構（Shanghai Cooperation Organisation を略して「SCO」と呼ばれる）の拡大である。

これは中国とロシアが主導する地域教育組織で、中国、ロシア、インド、パキスタンと中央アジア4カ国（ウズベキスタン、カザフスタン、キルギス、タジキスタン）の8カ国で構成されていた。2021年9月にイランが正式加盟したことで2023年1月現在では9カ国になっている（次ページ「SCO加盟国の地理関係」参照）。

ただし、ロシアやインドなど中国以外の大国は、中国の支配下に落ちるつもりなどさらさらない。なぜならロシアは資源・エネルギーを産出していて、インドは中国を超えてGDP世界2位の国を目指しているからである。

合理的に整理すれば、ロシアとインドはあくまでも中国を利用しようとしているのに過ぎない。

前述したように「債務の罠」が明らかになり、国際社会が対応したことで「一帯一路」

SCO加盟国の地理関係

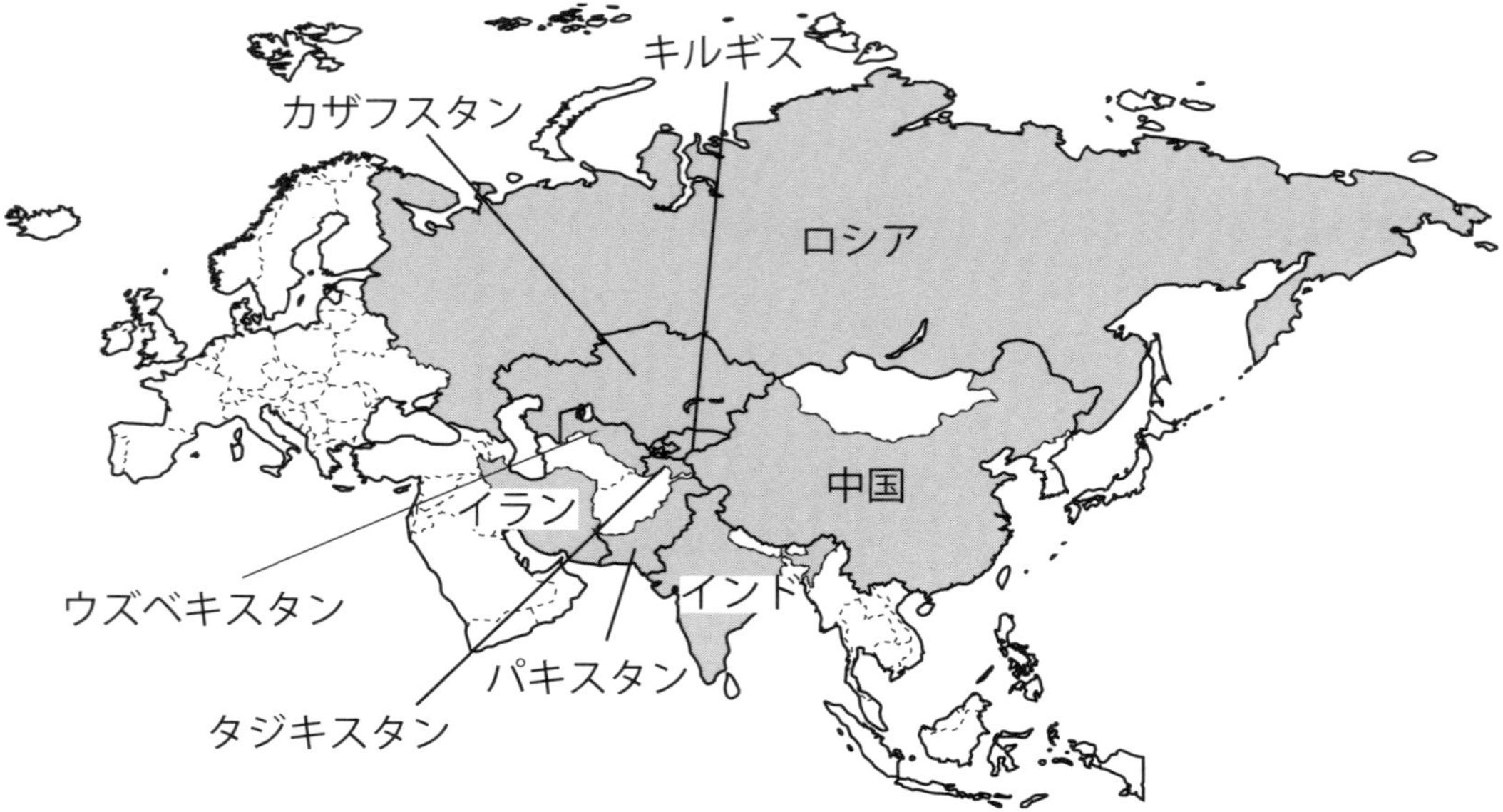

が行き詰まっている。強引な取り立てを行うには、背景に軍事力が必要だ。イランの加盟によって上海協力機構の軍事力は一段上になった形だ。もちろんＧ７やＮＡＴＯと対立することになる。中国の債務の罠にはまった債務国にとっても、借金を棒引きしてくれるのであれば中国に従う必要はまったくない。

東西どちらに付くのかの二者択一を世界各国が迫られ、地政学的にもデカップリングが進んでいくのが２０２３年ということだ。

ところが２０２２年11月15日、アメリカは中国にとっての「心臓」を射貫くプランを公表した。それが前述した「ＵＳＣＣレポート２０２２」である。

次章ではそのことについて解説していこう。

第3章

中国即死に向けて始動したアメリカ

USCCレポートの衝撃内容

米中対立において日本がフロントラインになるという意味で「USCCレポート2022」は、2023年を見通す上で非常に重要な資料だ。正式なレポートはA4で785ページもあるということで、本書での全文掲載は物理的に不可能である。

USCCは同時に「総覧」を発表していて、レポート全文を要約した形になっている。そこで122ページから「USCCレポート2022総覧全文」を掲載した。

アメリカは日本に対して「年次改革要望書」を提出している。裁判員裁判制度も、郵政民営化も、この「年次改革要望書」に記載されて実現してしまった。

つまり「年次改革要望書」は、アメリカ政府が日本に対して突き付けた「ToDoリスト」ということだ。

これと同様に「USCCレポート」は、アメリカ議会のアメリカ政府に対する「ToDoリスト」である。ゆえに「2023年を見通す上で非常に重要な資料」なのだ。

重要な部分に焦点を当てて解説していこう。

特に強烈な部分は、「USCCレポート2022総覧全文」第2章・第3節「14」の、「米国議会は、米国国防総省に対し、中国が関与する軍事衝突が発生した場合に、中国向けのエネルギー輸送を効果的に封鎖することの実現可能性と軍事的要件に関する機密報告書を作成するよう指示する。報告書は、特にマラッカ海峡と、同海峡を通過する中国向け船舶の封鎖を運用することの実現可能性に焦点を当てるべきである。報告書はまた、中国が危機や紛争時に、備蓄や供給制限、現在および計画中の国境を越えた石油・ガスパイプラインによる陸上輸送に頼ることで、どの程度エネルギー需要を満たすことができるかも検討すべきである」

という点だ。

「資源大国」を自称している中国だが、2017年にアメリカを上回る世界1位の石油輸入国となって以降、この位置を維持。2019年時点で世界の原油貿易の23%は中国が占めている。石油消費量はアメリカに次ぐ世界2位で、世界の消費の1割強を占め、消費の7割を輸入している状況だ。

この莫大な量の石油は「海路」によって輸送されている。陸の物流は一番細いところがボトルネックになり、その他がいくら太くても流通量が上がらない。対して海は最も高速に、最も安価に大量のモノを輸送できる。

世界史の中で海を持たない国が覇権を持続できないのはそのためだ。ヒトラーは「海」を求めて戦争を起こし、ソ連は不凍港を求めて南側に領土を拡大していったのは「海」を求めてのことである。

産油地・中東からアジアに向けて多くの石油が輸出されているが、そうした石油の輸入の実に8割以上が「マラッカ海峡」を通過している。

この海峡を封鎖されれば、中国経済は稼働できなくなるということだ。

中国の悩みのタネという意味で「マラッカ・ジレンマ」と呼ばれる。マレーシアとインドネシアの間の細い海峡を封鎖されると中国は中東から石油を輸入するシーレーンを断たれることになるのだ。

南側から迂回する手がないわけではないが、そこはオーストラリアの勢力圏になる。中国の南シナ海の実効支配は、このシーレーン確保の意味合いが強い。ところが、2021年9月にオーストラリアはイギリス、アメリカと軍事同盟「AUKUS」を結成した。

アメリカが中国と軍事衝突した場合、迂回路も使えないということだ(次ページ図「マラッカ・ジレンマ概略図」参照)。

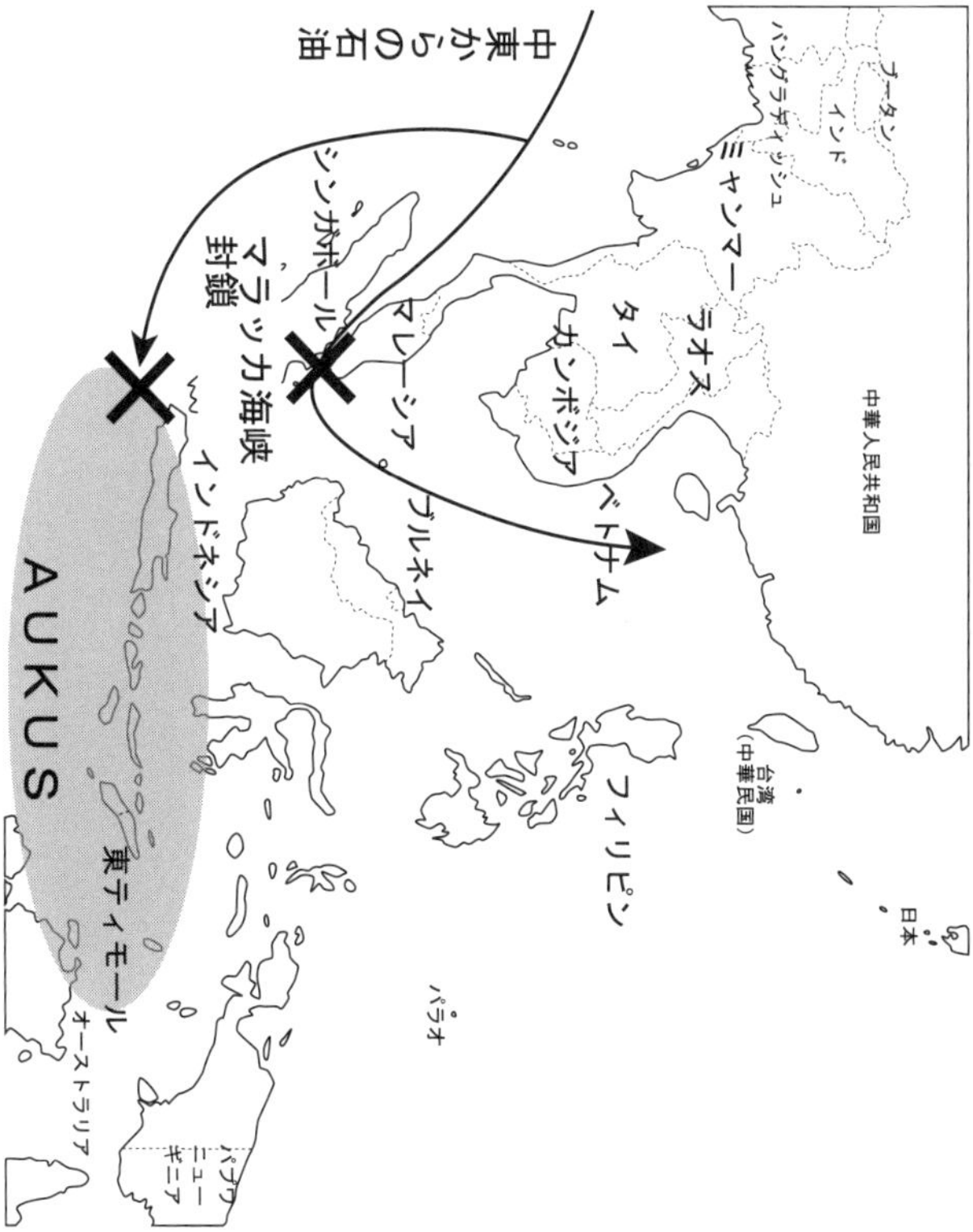
中東からの石油
シンガポール
マラッカ海峡封鎖
マレーシア
インドネシア
ブルネイ
ベトナム
カンボジア
タイ
ラオス
ミャンマー
バングラディッシュ
インド
ブータン
中華人民共和国
台湾（中華民国）
日本
フィリピン
パラオ
東ティモール
オーストラリア
パプアニューギニア
AUKUS

マラッカ・ジレンマ概略図

この中国経済にとっての心臓ともいえるマラッカの安全保障を担っているのが、他ならないアメリカである。シンガポールのチャンギ海軍基地に、最新鋭の沿岸警備戦闘艦を配備。さらにシンガポールの特殊部隊をビンラディン暗殺作戦などを成功させたアメリカ海軍の特殊部隊、ネイビー・シールズが指導も含めて支援している。

加えてマラッカの入り口にはカシミールで中国と領土問題を抱えているインドがいて、イギリスが最新鋭の軽空母を、シンガポールに常駐させようという動きもある。

マラッカ海峡が封鎖されれば、中国は石油の確保ができない。中国の石油備蓄量は公称で60日だが、実態は30日以下といわれている。戦時にはその倍以上の石油が必要ということになる。

USCCレポート2022は「中国が長期戦をできないような計画を作っておくべきだ」といっているのである。

あらゆる角度から中国封鎖を求めた

その上で、ポイントを以下にまとめた。

1. 中国がWTO加盟の際に受け入れた条件を満たしていないことが確認されれば、中国の恒久的通常貿易関係を停止する。安全保障上のリスクがあると判断した対象には、アメリカの金融システム（ドルの決済システム）を利用させない
2. 中国に機微技術やそれを利用した製品を輸出した件数、理由等を議会に報告させる。中国から支援を受け特許を取ろうとする場合、それを開示させる。アンチダンピングの強化、中国輸出管理法、反外国制裁法等に対する対抗処置をとる
3. 国有企業による不当競争の監視強化
4. 大統領による中国事業廃止命令の付与
5. 半導体、レアアース、救命・生命維持のための医薬品とその医薬品有効成分、鋳造品・鍛造品を含むがこれに限定されない最も重要なサプライチェーンを監視しリスク分野に対して支援、その上で、中国脱却ができているかどうか報告、対応できない企業は政府契約から排除
6. 中国の国家運輸・物流公共情報プラットフォーム（LOGINK）または中国の国家関連団体がIPEF（インド太平洋経済枠組み）加盟港内で提供する類似システムの

利用禁止を交渉するよう行政府に指示する

7. 1年以内に中国産原薬の利用を調査し、必要な対策（排除）をとる（国防生産法の利用を含む）

8. 米国で活動する企業（外国企業を含む）に、人民軍と関係している場合、それを公示するように求める。また、株式等を保有している場合、それも開示させる

9. 下記の品目に対して、中国からの政府調達を確認し、排除する

（ア）米国防総省と請負業者が主要兵器システム、軍需品リスト、指揮・統制・通信・コンピュータ・情報・監視・偵察（C4ISR）の各項目で使用するもの

（イ）米国国土安全保障省が特定した重要インフラストラクチャ

（ウ）「米国のサプライチェーン」に関する大統領令14017の第4項に従って提出された米国政府機関の報告書で特定された重要なサプライチェーンと部門

10. ウイグル人権法、強制労働防止法の穴をふさぐ、ウイグル製品の完全排除すべての品目の中国依存度を調査し、代替え調達できる体制の構築

11. 中国による強制的な技術移転の恩恵にあずかる中国企業を調査、その上で輸出入の禁止処置をとる

12. 州及び地方政府が利用する（連邦はすでに使用不可）中国製監視システム（カメラ等）スマートシステム等を監視し目録化（すでに採用すれば連邦政府の補助金は受け取れない）
13. 「システム上重要な重要インフラ」の強化と補助金等の支援処置
14. サイバー攻撃や知的財産の窃盗にかかわる中国企業の米国金融システム利用禁止（すでに議会が命令）
15. アジア太平洋戦略、QUAD、NATO等との協力強化
16. ロシア弱体化で中国が連携を進める中央アジア諸国の監視強化
17. 台湾有事に備えリスク評価と対応のための常設委員会の設置、非常時計画に関する機密報告書を作成し、台湾政府との共同計画メカニズムを構築
18. 香港人の法的保護、一国二制度が守られていないことが確認された場合、香港政府を中国政府の一部として扱うことを義務付け

これは議会報告書であり、議会への勧告である。その上で、これらは2023年度以降の国防権限法や各種法令に反映され、ホワイトハウスは法律によりこの勧告に従う。

よく誤解されているが、米国の大統領権限は決して強いものではない。大統領は核ボタンの発射権限、軍の出動権限などを持っているものの、「政治運営」については議会が大統領を支配する仕組みだ。

もちろん大統領には「拒否権」があるが、「拒否権」を乱発すれば、「政治運営を行っていない」とされ支持率は下がっていく。

また、この内容は同盟国との協働を命じており、日本を含む外国政府にも大きな圧力になる。

日本についていては2022年7月29日から日米経済政策協議委員会が開催された。メディアは「経済版2+2」という名称で矮小化しているが、日米経済安全保障2+2で、日米協働することを国際的な公約にしている。

日本政府も「USCCレポート2022」に対応する法律を策定することになる流れだ。日本政府が法整備をしなくても、アメリカで活動する企業、アメリカと取引をする企業は必要な要件を満たす必要があり、満たせなければアメリカと取引はできなくなることはBIS規制で解説した通りである。

アメリカにとって中国は「唯一の競争相手」

アメリカが発表したもう1つの衝撃的なレポートがある。2022年11月29日に国防総省が公表した「中国軍事力報告書2022」がそれだ。368ページにわたって軍拡を続ける中国についてさまざまな角度から分析が行われている。

以下が、その前文である。

2022年国家安全保障戦略は、中華人民共和国（PRC）を国際秩序を再構築する意図と能力を持つ唯一の競争相手と位置付けている。国防総省が発表した「中国の軍事・安全保障動向に関する年次報告書」は、中国の国家・経済・軍事戦略の現状を描き、北京の野心と意図の本質を議会に洞察させるものである。中国の戦略は、国力のあらゆる要素を蓄積・活用し、体制間の永続的な競争において中国を「主導的地位」に置くための断固たる努力である。

2022年国家防衛戦略で表明されたように、PRCは米国の国家安全保障と自由で開かれた国際システムに対して最も重大かつ体系的な課題を提示している。

この決定的な10年間に、人民解放軍の戦争方法の輪郭を理解し、その現在の活動と能力を調査し、その将来の軍事的近代化目標を評価することは重要である。2021年、中国政府はインド・パキスタン地域においてより強圧的で攻撃的な行動をとるようになり、国家運営の手段として中国人民解放軍をますます利用するようになった。2020年の近代化目標を達成したと称するPLAは、今度は2027年に照準を合わせ、中国軍の機械化、情報化、知能化の統合的発展を加速させる目標を掲げている。

もし実現すれば、この2027年の目標は、中国共産党が台湾の統一を追求する際に、より信頼できる軍事的手段となる能力を中国軍に与えることができる。

中国軍は通常戦力の整備に加え、核戦力の近代化・多様化・拡張を加速させている。中国共産党は「戦略的抑止力」の強化に意欲を示す一方、核・宇宙・防衛の各分野で発展する中国軍について核、宇宙、サイバースペースの能力開発については消極的である。世界的な懸念が高まっている領域で、ある世界の戦略的安定性に悪影響を与えている。

中国が2049年の建国100周年までに「偉大な中華民族の復興(national rejuvenation)」を達成しようとする中で、本報告書は、国際ルールに基づくシステムの改革という北京の野心に焦点を当てている。この目標を達成するためには、習近平が主導する「グローバル・セキュリティ・イニシアティブ」や「グローバル・デベロップメント・イニシアティブ」などの「運命共同体」構想に基づく中国の戦略目標を支援する外部環境が必要である。

戦後安保戦略から転換した日本

この報告書のポイントの1つが、中国の核軍拡だ。同書内では、

今後10年間、中国政府は核戦力の近代化、多様化、及び拡張を目指している。10年前の中国共産党の核近代化努力と比較すると、現在の努力は規模、複雑さともに過去の近代化の試みを凌駕している。

中国政府は、陸海空の核兵器運搬プラットフォームに投資し、その数を拡大し、また、核兵器製造施設の建設を進めている。

この核戦力の大幅な拡張を支えるために必要なインフラを整備している。また、中国は高速増殖炉や再処理施設の建設により、プルトニウムの生産・分離能力を高めることで、こ

の拡張を支えている。

北京はおそらく２０２１年に核の軍拡を加速させた。国防総省は、中国の運用可能な核弾頭の備蓄量が４００を超えたと推定している。

中国共産党は、２０３５年までに国防と軍隊の近代化を「基本的に完了」させる計画である。このまま核兵器の増強が進めば、２０３５年には約１５００発の核弾頭を保有することになる。


と明記されている。

２０２１年版の中国軍事力報告書では、中国は27年までに７００発を、30年までに１０００発の核弾頭保有に向かっているとしている。２年続けて見れば中国が核軍拡を止める意図はないということだ。

ストックホルム国際平和研究所によると、アメリカは約３７００発の核弾頭を備蓄していて、そのうち約１７４０発が配備されている。２０２２年２月現在、中国が保有する核弾頭はアメリカの約１割ほどだ。

中国はアメリカと同数かそれ以上の核兵器保有を目指すことは疑いようがない。

新防衛3文書で転換する安保政策

反撃能力	戦後、政策判断で持たずにきた反撃能力の保有を決定。米製トマホークなど長射程ミサイル購入と国産長射程ミサイルの開発
防衛予算	27年度の防衛関連費をGDP比2%へ倍増。歴代内閣が、意味もなく目安としてきた1%枠を打破
対中認識	新安保戦略で中国の動きを国際秩序への「これまでにない最大の戦略的な挑戦最大の挑戦」と明記。現行の「懸念」から現実的な表現へと改めた
継戦能力	必要な弾薬・部品を調達する方針に。脅威を直視しない「基盤的防衛力構想」の考え方から、仮想敵国による侵略想定へと転換
装備品移転	防衛装備品を輸出する条件を定めた「三原則」の見直しを明記。品目や相手国の拡大を想定し国内防衛産業を保護するとともに国際社会のプレゼンスをより高いレベルで実現する

その一方で中国は、2022年1月4日には、アメリカ、ロシア、イギリス、フランスの核保有5大国の一員として、

「核戦争に勝者はなく、決して戦ってはならない」

と強調する声明を出した。この約2カ月後にロシアが起こしたのがウクライナ戦争で、プーチン氏は「核恫喝」を繰り返している。中国が足並みを揃えて非核保有国への核拡散抑止を呼びかけているのは「表向き」でしかないということだ。

2022年12月16日、岸田政権は、国家安全保障戦略など新たな防衛3文書を閣議決定し、反撃能力の保有を決定した（前ページ表「新防衛3文書で転換する安保政策」参照）。まさに「戦後国防戦略」からの転換だ。中国の軍拡を国際秩序への「これまでにない最大の戦略的な挑戦」としている。まさに「開戦前提」で、ようやく東西新冷戦のフロントラインに立っている自覚ができたということだ。

「軍民融合」で殺人AIドローンを開発

中国が軍民融合発展戦略を追求していることは前述したが、「中国軍事力報告書202

2」では、安全保障と発展の戦略を融合させ、中国の国家発展の目標を支える統合的な国家戦略システムと能力を構築する「軍民融合」についてかなりのボリュームが割かれている。

中国政府の「軍民融合」には、民間にも応用できる軍事目的の高度な「軍民デュアルユース技術」の開発と取得、国防科学技術産業の改革の深化という目的がある。中国のあらゆる国力増強のためのより広い目的を持っているのだ。

同報告書では中国の軍民融合を「相互に関連する6つの取り組みを包含している」としている。「6つの取り組み」とは以下のようなものだ。

1. 国防産業基盤と民生技術・産業基盤の融合
2. 軍民両部門の科学技術イノベーションの統合と活用
3. 人材育成と軍民の専門知識・知識の融合
4. 民生インフラへの軍事要件の組み込みと軍事目的での民生建設の活用
5. 民生サービス・物流能力の軍事目的での活用
6. 競争と戦争で使用する中国の社会・経済のすべての関連側面を包含する。国防動員

システムの拡大・深化

この「軍民融合」によって中国が注力している兵器の1つがドローンである。

民生用として開発されたドローンは一般への販売によって開発費を賄いボリュームディスカウンティングを可能にしながら、即時の軍事転用可能だ。さらに中国は自国開発したドローンにＡＩを搭載した自律行動型ＡＩドローンの開発を進めている。

しかもＡＩ開発にも軍民融合戦略が用いられている。ＡＩ開発にはビッグデータが必要になるが、中国には「国家情報法」という法律があり、その七条は以下のような内容となっている。

「いかなる組織及び国民も、法に基づき国家情報活動に対する支持、援助及び協力を行い、知り得た国家情報活動についての秘密を守らなければならない。国は国家情報活動に対し支持、援助及び協力を行う個人及び組織を保護する」

所在地が国内外を問わず、中国企業、中国人は政府の要請に応じなければならないのだ。軍民融合によってビッグデータは取り放題ということになる。

中国でデストピア世界が構築されている

これと連動するのが中国ビックテックが国有企業と業務提携を進めている一件だ。

2022年11月1日、京東集団（JDドットコム）が傘下の京東科技（JDテック）と、国有通信チャイナ・モバイル傘下の上海モバイルがスマートシティやクラウド、ビッグデータ分野での戦略提携を発表した。

翌日の同月2日には、テンセントが通信キャリア大手の国有企業チャイナ・ユニコムと共同事業の計画を発表。傘下企業同士で合弁企業を立ち上げ、コンテンツ・デリバリー・ネットワークやエッジコンピューティングを手がけるという。

また同年12月29日には、中国の電子商取引大手アリババグループが、中国版ツイッター「微博（ウェイボ）」の持ち株について、国有企業の上海文広集団（SMG）と協議中であることが報じられた。SMGはアリババが保有するウェイボの株式約30％をすべて買い取る可能性があるという。

もちろんこれは中国政府の指示によるものであり、「民間企業」が消えてゆくことを意味する。

この民間企業の国有化路線政策は、アリババの金融部門であるアントの上場禁止、SNS規制の強化、民営の教育禁止などと連動しており、民営企業改革（改悪？）の一環とみられている。

2015年から中国では「供銷合作社」改革が行われてきました。これは現代版「ソフホーズ」だ。

「ソフホーズ」とは旧ソ連時代にあった国営農場である。コルホーズ（集団農場）との違いは、土地と生産用具、家畜・肥料などをすべて国が所有する点だ。ソフホーズでは、すべての生産物は国家の所有となり、農民は雇用労働者として給与を支給される。

国営企業との合併は一種の「人民公社」の復活だ。これまでは地方に限定されてきたものが、中央でも行われるようになったのである。

習近平政権3期目の確立により、「ソフホーズ化」が国家としての大きなプロジェクトに変わった。

かつて、中国では資本主義から社会主義の転換のために「供銷合作社」が作られ、資本主義が否定された歴史がある。市場では、この動きが復活したのではないかという懸念が広がっている。

今回のソフホーズ化は、ネット社会の現代に合わせたものになり、スマホを連動させた1つの形になるのではないかという観測もある。

すでに中国の三大決済システム、アリペイ（アリババ）、ウィーチャットペイ（テンセント）、ユニオンペイは、一部、デジタル人民元決済が義務付けられた。ここにEコマースが連動することでデジタル人民元による配給システムが完成するということだ。

その上で、中国国内のコンビニやスーパー、ファミレスやファーストフードなどを国有化することで、供給網も完成する。つまり、デジタル決済による配給クーポンシステムを作れば、すぐに社会主義国を甦らせることができるということだ。

すでに市民に対して資産、職業、政治思想などによってスコアリングするシステムも完成し実働している。従って、スコアリングによるクーポンの調整も技術的には可能だ。政治思想などがスコアリングされる以上、反体制派を飢餓状態する形の粛正も可能である。

コロナによるロックダウンも、この実証実験に利用されたのではないかとされているが、「ヒト」を中国共産党の評価基準によってランク付けする現代版ディストピアは、本当に生まれる可能性は高い。

スマホの中の中国製アプリを通じて得られた多くのデータは、軍民融合によって軍事転用されているのが、現実だと考えるべき状況だ。

こうした脅威に対抗するには軍事面を整備した「安全保障」だけでは不可能だ。既存の国防安全保障、経済安全保障、外交戦略などを連動させるマルチ型安全保障体系を構築しなければ、中国の「軍民融合」に対抗することはできない。

アメリカでTikTok規制が加速

前述した「半導体の禁輸」も、この「マルチ型安全保障」の一環だ。最近ではアメリカ国内で広がっている中国の動画共有アプリ「TikTok」規制も同様である。

2022年11月15日、FBIのクリストファー・レイ長官は下院国土安全保障委員会で、「TikTokが国家安全保障上の重大なリスクになると警告。極めて懸念している」と証言した。

TikTokについてはトランプ政権が「米事業売却か使用禁止」を命じたが、裁判所に差し止められた経緯がある。バイデン政権はトランプ氏の大統領令を撤回したものの、レイ長官の証言によって再燃した形だ。

　2022年12月23日には、連邦政府が所有する機器でTikTokの使用を禁じる法案が下院で可決。同日にはTikTokの運営会社「バイトダンス」のスタッフが、TikTokに批判的な取材を行っている2人のジャーナリストを含むアメリカ市民のユーザーデータに不適切にアクセスしたことが明らかになる。

　レイ証言以降、2022年12月31日までに19の州がTikTok規制を打ち出した。

　アメリカでは「TikTok規制」に留まらず、反米国家製のSNSを「禁止」にする動きも生まれている。2022年12月13日に、アメリカ上院の有力議員、マルコ・ルビオ氏は超党派は以下の内容の法案を発表した。


　中華人民共和国（香港及びマカオを含む中国の特別行政区を含む）、ロシア、イラン、北朝鮮、キューバ及びベネズエラなどと関係するメディア企業の米国との取引を禁止する法律、バイナンスとTikTokに関しては、すでにこれに該当すると認定しており、法律成立後、30日以内に米国企業との取引を禁止する。

　大統領に対して、IEEPA法（緊急経済権限法）の権限を活用するように求める。

ＩＥＥＰＡ法は米国との取引や金融制裁等の根拠となる法律で、取引をすると制裁を受ける二次的制裁も含まれている。「情報」「通信」の東西デカップリングが進行していく可能性は高いといえるだろう。

問題はアメリカのバイデン政権の「外交」だ。「マルチ」な安全保障を包括的に多層化していかなければ対応できないのにもかかわらず、バイデン政権はどう考えても「外交」で躓き、内政でも「目玉政策」でも失敗した。

そこで次章では「アメリカ」について考えていきたい。

USCC レポート2022総覧全文

委員会の勧告

第１章　中国共産党の意思決定と習近平の権威の一元化

第１節

欧州委員会は推奨している。

１．議会は、中華人民共和国（PRC）やその他の戦略的関心国の重要なオープンソース資料を翻訳し、一般に利用可能なコレクションを維持する新しい連邦資金による再調査・開発センター（FFRDC）（2015年に閉鎖したオープンソースセンターに代わるもの）を創設する法案を通過させるべきです。この法律は、既存の FFRDC に対し、政府が後援する分析または関連プロジェクトで収集または使用されたすべての中国語のオープンソース資料のコピーを、この新しい団体に継続的に提供することを義務付けるべきでしょう。

２．議会は米国国家情報長官室に対し、米国国防総省が作成・更新する「中国軍関係者名簿」に類似した、中国共産党（CCP）幹部および組織の非分類名簿を作成するよう指示する。

○この名簿は毎年更新され、党の組織構造（統一戦線工作部に所属する組織を含む）、少なくとも中国共産党が「上級幹部」と定義するレベルの指導者と組織のプロファイルを含む中国共産党に関する機密性のない公開報告書で構成されるべきものです。

○各年度の名簿の内容は、CCP メンバーおよび組織の機密性のない、一般に利用可能で検索可能なデータベースとして保持されるべきである。

第２章　米中経済・貿易関係

第２節　中国の貿易慣行に挑む

欧州委員会は推奨している。

３．議会は、中国の経済的強制を受ける同盟国やパートナーを支援するために、中国に対して報復的な貿易措置を課す権限を与える法律を検討する。そのような立法は、米国の同盟国およびパートナーとの協調的な貿易措置を認めるものとする。

4. 議会は、米国議会事務局が調整する省庁間報告書を90日以内に作成するよう行政に指示する。
貿易代表部は、中国が1999年の中華人民共和国とアメリカ合衆国との間の市場アクセス協定の諸条件を遵守しているかどうかを評価すること。評価は、同協定に基づく条項の順守／不順守の状況をまとめたリストとして提示されるべきである。

もし報告書が、中国がWTO加盟のために合意した条項を遵守していないと結論付けた場合、議会は中国の恒久的通常貿易関係（PNTR）待遇を直ちに停止するための法案を検討するべきである。PNTRの停止後、議会は中国との正常な貿易関係を更新するための新たな条件を評価すべきである。

5. 米国議会は、エンティティリストに限らず、米国の省庁によって国家安全保障上の再厳格化または制裁を受けるいかなる団体も、クリアリングハウス銀行間決済システム（CHIPS)、自動決済システム（ACH)、連邦準備銀行の資金移動システム（Fedwire）へのアクセスを拒否すべきと指示した。

6. 米国議会は、米国商務省に対し、外国直接製品規則の施行と、国家安全保障のために管理された技術またはソフトウェアから製造された品目を中国に輸出しようとする企業に対する輸出許可申請の承認に関する定期的（半期的）な報告書を提出するよう指示した。当該報告書には、米国の輸出業者を特定してはならないが、以下を含めるものとする。
○ライセンスの付与数
○輸出先ごとのライセンス付与数
○このようなライセンスの項目分類
○当該輸出額

○ライセンス付与の根拠となるもの

7．米国議会は米国特許商標庁に対し、中国政府が直接または間接的に管理するプログラムの支援を受けた米国特許出願人が、米国連邦政府の支援を受けた者が提供しなければならないのと同じ情報開示を行うよう管理するよう指示した。

8．米国議会は米国商務省に対し、中国からの製品を対象とするアンチダンピングおよびカウンターベイリング税の申請を特定し、自ら申請するプロセスを開発するよう指示する。このようなプロセスを支援する方法を開発する際、同省は既存の政府データを活用し、中国の産業過剰能力による長期的な被害に直面している中小企業や産業を傷付ける、または傷付ける恐れのある製品の特定を優先する新しいデータ収集活動を展開するものとする。また、同省は、中国原産の製品に対処するため、米国政府が自ら迂回、回避、積み替えの取締り案件を特定し、追求する能力を開発するものとする。

9．米国議会は、米国商務省に対し、中国からの製品に対するアンチダンピング関税率を決定する際に、関連する製品を特定する際に使用される中国産の投入物の補助金またはダンピングの影響を相殺するための方法を更新するよう指示した。
ダンピングマージンを決定するための第三国の代理人レート。このアプローチは、ダンピングマージンを決定するために、中国が市場ベースの生産者の適切な代理レートを特定するために使用するレートを調整することを可能にするべきである。

10．米国議会は、中国共産党が差止命令の使用を通じて米国の知的財産保護を弱体化させようとする動きに対処するための法案を検討する。そのような法案を検討するにあたり、議会は、特許権および米国裁判所の主権と米国の裁判制度を保護することにより、米国特許法の完全性、わが国の特許制度の強さ、米国のイノベーションに対するその支援を確保するよう努めるべきである。

11. 研究または生産を助成する法律を制定する場合、米国議会は、中国がその研究またはその商品の生産に必要な知識や設備に合法的にアクセスできるかどうかを評価し、米国が中国の競争相手を間接的に助成または支援することを防ぐべきである。

12. 米国議会は米国通商代表部に対し、国家独占や常緑樹融資を含む中国の補助金が米国の生産と雇用に最大のリスクをもたらす産業を監視し、年次報告書で公的に特定するよう指示する。アンチダンピングおよび相殺関税のプロセスにおける有罪の反証可能な推定は、この報告書の所見から生じるものとする。

13. 議会は、大統領が特定の米国企業または特定分野で活動する米国企業に対し、中国での事業、資産、投資からの適時の売却を要求できる権限を設け、中国が米国またはその同盟国およびパートナーに対して差し迫った軍事力を行使または威嚇する場合に発動できるようにした。

第３節　中国のエネルギー計画と実践

欧州委員会は推奨している。

14. 米国議会は、米国国防総省に対し、中国が関与する軍事衝突が発生した場合に、中国向けのエネルギー輸送を効果的に封鎖することの実現可能性と軍事的要件に関する機密報告書を作成するよう指示する。報告書は、特にマラッカ海峡と、同海峡を通過する中国向け船舶の封鎖を運用することの実現可能性に焦点を当てるべきである。報告書はまた、中国が危機や紛争時に、備蓄や供給制限、現在および計画中の国境を越えた石油・ガスパイプラインによる陸上輸送に頼ることで、どの程度エネルギー需要を満たすことができるかも検討すべきである。

15. 米国議会は米国エネルギー省に対し、主要なエネルギー技術、部品、材料に関する米国のサプライチェーンが中国の支配や操作にどの程度さらされているかを詳述する年次報告書を作成するよう指示する。

第４節　米国のサプライチェーンにおける脆弱性と回復力

欧州委員会は推奨している。

16. 議会は行政府に経済・安全保障準備・回復力オフィスを設置し、現在進行中の中国との地政学的対立と紛争の可能性の中で、米国のサプライチェーンの回復力と国内能力の堅牢性を確保するための省庁横断的取り組みを監督、調整、優先順位付けすることを指示する。本オフィスの任務は以下の通りである。

○半導体、レアアース、救命・生命維持のための医薬品とその原薬、鋳物・鍛造品など、最も重要なサプライチェーンを継続的にマッピング、監視、分析するための要件を明確化し、優先順位を設定し、努力を調整するための専門のサプライチェーン・マッピングユニットを設置する。

○このユニットには、現在の米国のサプライチェーンの回復力とリスク軽減の取り組みを監視・評価するための相互運用可能なパフォーマンス指標を開発する任務があり、これには米国のサプライチェーンの直接・間接の中国サプライヤーへの依存度に関するデータ収集や、防衛上重要なサプライチェーンの優先順位付けが含まれる。

○この共同調整と優先順位付けを担当する国防動員ユニットを設置する。

○さまざまな期間の紛争を含む中華人民共和国との潜在的な紛争において、米軍を装備・支援し、インド太平洋地域の友人・パートナーを支援するために必要な武器・弾薬・物資・その他の装備の必要性の評価。

○既存のストックと利用可能な生産能力がそのニーズを満たすのに十分であるかどうかの判断。

○シナリオによっては生産と補給を妨げる可能性のある潜在的な不足分やボトルネックの特定。

○これらの問題を解決するための是正措置の提言。

○米中貿易の潜在的な混乱が防衛出動や重要な材料、製品、物資の国内的な入手に及ぼす影響を評価に含めること。追加的な能力の必要性を特定した場合、ユニットは、そのような能力および能力を適時に開発することを確保するための資金および支援メカニズムを決定するものとする。
○現在の防衛産業基盤とそれを支える産業能力の不足を特定し、それに対処するためにどのような追加措置が必要かを、他省庁と協議する。

17. リショアリングや既存の米国内生産に補助金を出す法律を制定する場合、議会は、リショアリングや既存の米国内生産に補助金が出るかどうかを評価する必要があります。
補助金によって、中国を経由する、あるいは中国に依存するサプライチェーンへの依存度が高まる可能性があります。

18. 議会は、議会が定義する「重要な」分野の米国政府へのサプライヤーに対し、米国のサプライチェーンの中国への依存度を特定する目的で、その請負業者の全階層を明確に開示することを義務付ける法律を制定する。
３年以内に、そしてその後も毎年、この開示ができない場合、その企業は政府との契約を受け取る資格がない。

19. 米国議会は、インド・太平洋経済枠組み（IPEF）の一環として、IPEF加盟港における中国の国家運輸・物流公共情報プラットフォーム（LOGINK）または中国の国家関連団体が提供する同様のシステムの利用禁止を交渉するよう行政府に指示する。LOGINKあるいは中国が管理または提携する同様のシステムの既存の利用者が、その使用を中止し、中国の管理または提携のない安全な物流システムに移行するために、２年間の移行期間が提供されるものとする。

20. 米国議会は、中小企業技術革新研究（SBIR）または中小企業技術移転（STTR）プログラムを管理する各連邦機関に対し、参加する米国の中小企業のサプライチェーンの完全性を確保し、中国のサプライヤーへの依存を減らすためのデューデリジェンス（投資対象となる企業や投資先の価値やリスクなどの調査）プログラムを開発するよう指示する。また、このプログラムには、中国企業、特に中国の軍民融合プログラムに関与している企業からの投資を防ぐための参加企業向けリソースが含まれるべきであり、それらは米国国防総省や他のSBIRまたはSTTR支援機関にとって価値のある新興技術や革新をターゲットにしている。

各SBIRまたはSTTR管理機関のデューデリジェンスプログラムは、政府の持続的な調達機会を支援し、連邦政府の関与に対する中小企業の内部能力を向上させる目的で、最大3年間、米国の中小企業に資金および技術支援を提供する必要があります。技術支援には、中小企業のサプライチェーン内で懸念される外国企業を特定するための手順を確立することが含まれる。

21. 米国議会は、米国食品医薬品局に対し、他の連邦機関と協力し、1年以内に、またその後も継続的に、中華人民共和国から直接または間接的に調達された医薬品有効成分（API）やその他の成分・投入物を利用する医薬品を特定し、国防生産法の権限を含む利用可能な手段や資源を通じて代替調達措置を開発するよう指示する。米国は、そのような製品の国内生産または、適切な場合には信頼できる国からの生産を最大化する必要がある。

22. 米国議会は、米国財務省に以下を要求するよう指示する。
米国企業および外国企業の米国登録子会社が、人民解放軍や中国の国家国防科学技術工業委員会など中国軍に関連する企業（中国政府が発行する生産許可、資格、認証を保持している企業を含む）の全保有株式を年次で公開すること。

23. 議会は、中国からの入力、部品、製品の商用オフザシェルフ（COTS）調達の利用について、包括的な公開報告書を発表するよう行政に指示する。
○米国国防総省および請負業者による主要兵器システム、軍需品リスト、および指揮・統制・通信・コンピュータ・情報・監視・偵察（C4ISR）関連品目。

○米国国土安全保障省が認定する重要インフラにおいて。
○「米国のサプライチェーン」に関する大統領令14017の第4項に従って提出された米国政府機関の報告書で特定された重要なサプライチェーンと部門。
この報告書は、購入した特定の品目、全体の数量、および該当する場合、品目ごとの契約の合計額を明らかにするものとする。

24. 議会は行政に対し、ウイグル人強制労働防止法および関連する執行活動の違反により、拘束、排除、押収された製品の数量について、半期ごとに公開報告書を提出するよう指示する。この報告書は、製品分野、製品数量、出荷が直接または間接的にウイグル人強制労働に関連する生産を含んで停止されたかどうかを詳細に説明する必要があります。また、この報告書は、米国の貿易法および貿易執行メカニズムにおいて、米国政府関連機関がウイグル人強制労働を使用して採掘、製造、調達された商品を追跡する能力を阻害する既存の抜け穴をすべて詳述するものとします。

25. 米国政府が海外調達への依存度を評価できるようにするため、米国議会は米国商務省に対し、国内生産データ（北米産業分類システム [NAICS] コード）を組み合わせ、すべての産業にわたる製品レベルで米国の輸入依存度を計算するよう指示した。
米国の輸入依存度をより明確に把握するため、米国の輸出入データ、HTS (Harmonized Tariff Schedule の略で「調和関税率表」) コードを収集し、その結果を一般にアクセス可能なデータベースで提供する。このデータベースは一貫して更新されるべきであり、各産業および製品カテゴリーについて、中国または中国からの部品や材料を使用していることが知られている主要供給地に対する依存度を集計する必要があります。

第3章　米中間の安全保障と外交

業務内容
セクション2：中国のサイバー能力。戦争、スパイ行為、そして米国への影響

欧州委員会は推奨している。
26. 米国議会は、米国通商代表部に対し、重要な分野で活動する中国企業の更新可能なリストを作成するよう指示する。
セクターで、盗用を含む強制的な知的財産の移転から利益を得ていることが判明した場合。このようなリストがあれば米国財務省が投資禁止および米国商務省は、中国の受益者が米国の情報資産の損失からさらに利益を得ることを防ぐために、これらの企業および関連当事者への輸出ライセンスを５年間継続的に拒否すること。追加的な権限が必要な場合、そのような要求は迅速なベースで議会に提出されるべきである。

27. 米国議会は、米国国土安全保障省に対し、州および地方政府が使用している中国製の監視装置、第一応答通信システム、スマート・シティ・システムの目録を作成するよう指示する。国土安全保障省は、さらに以下の事項を確認する。
○外国からの干渉や悪意のあるサイバー行為の結果として、これらのシステムから生じるリスクのレベル。
○米国の利益を保護するための当該機器の撤去・交換計画。
○これらの計画を実行するために必要なリソース。

28. 米国議会は、「システム上重要な重要インフラ」（SICI）の概念を成文化し、SICIの指定を受けた団体、防衛請負業者、および機密技術や新興技術の研究開発のための連邦資金の受領者に対し、サイバー攻撃に対する強化された硬化と緩和の取り組みを義務付ける法案を可決すること。これらの努力は、米国国防総省とサイバーセキュリティおよびインフラセキュリティ局によって決定されたサイバーセキュリティの標準とガイダンスに従うものとする。議会は、準拠したSICI事業者に対して適切な法的連携「セーフハーバー」規定を提供し、SICI指定の中小企業が準拠のコストに対処するために必要な適切な支援を提供する必要がある。また、このような法律は、サイバーセキュリティリスク軽減計画を、中小企業革新研究（SBIR）および中小企業技術移転（STTR）プログラムのような助成金の支給条件として、中小企業庁（SBA）に要求することになります。定期的な監査プロセスの一環として、SBA および関連機関は、これらの計画の実施を確認し、準拠の証明書を要求する必要があります。

29. 米国議会は米国財務長官に、中華人民共和国が主催する米国を拠点とする個人または組織に対するサイバー対応情報収集または知的財産の窃盗に関与している中国企業への投資およびその他の金融取引を禁止するように指示する。この中には、中国の国家が支援する高度持続的脅威（APT）グループに所属している、あるいは中国国家安全部や人民解放軍の請負業者として働いている個人、研究機関、大学、企業も含まれています。

第5節　南アジア・中央アジアにおける中国の活動・影響力

欧州委員会は推奨している。

30. 議会は、米国務長官、米国防長官、米国際開発庁（USAID）長官に対し、インド洋地域における中国との競合に配慮した米国の利益に関する戦略（以下、戦略）を提出するよう指示する。

○再地域での開発と米国の経済活動を強化する。

○航行の自由を守る。

○地域の安全保障上の課題を解決するために、地域の同盟国やパートナーを支援し、促進すること。

○日本、オーストラリアを含むインド太平洋地域の米国の同盟国、インドを含む主要な防衛パートナー、および米国、フランスを含むNATOの同盟国との協力を推進し、この地域におけるルールに基づく秩序を支援すること。

31. 議会は、中央アジアにおける米国の利益について、同地域の重要な状況変化を考慮した戦略を提出するよう、行政府に指示する。

○ウクライナへの無謀な侵攻により、存在感が薄れていくロシア。

○アフガニスタンにおけるタリバンの台頭。

○中国は上海協力機構のメンバーに対して、政治的な反対を抑圧することを目的とした反テロリズムと法執行規範、および独裁政権に情報の自由な流れを制限する権限を与えるサイバー主権と情報セキュリティ基準などの中国の統治概念を推進することで、影響力を強めている。

32. 米国議会は、米国国際開発庁（USAID)、開発金融公社、およびその他の関連機関に、南・中央アジアにおける中国の投資および融資のリスクを評価・軽減するための研修を関係者に提供するよう指示する。

第4章　台湾

欧州委員会は推奨している。

33. 議会は、中国による台湾への攻撃、封鎖、その他の敵対行為を含む（ただしこれに限定されない）可能性のあるシナリオの範囲において、制裁またはその他の経済措置を講じるための選択肢の策定と計画の作成を担当する常設の省庁間委員会を行政府に設置する法案を制定する。この委員会は、さまざまな選択肢の潜在的な経済的・政治的影響を評価し、その実施を調整し、その効果を高めるために必要な法的権限や義務の改正を議会に助言することになる。この委員会は、台湾の関連諸機関と連携し、共同計画を考案するよう努めるべきである。

委員会は、同様の措置を考えている可能性のある他国政府からの参加者を含むべきである。委員会には、米国の国務省、財務省、商務省、国防総省、ホームランドセキュリティー省からの参加者が必要である。

34. 米議会は米国防総省に対し、中国が台湾を攻撃し侵攻を試みた場合に米国の「抵抗力」を強化するための現在および将来の軍事態勢、兵站、整備、維持の要件に関する機密報告書を作成するよう指示する。報告書は、紛争環境での長期戦闘（例：反アクセス、エリア・デニール）を含むすべてのシナリオの要件を評価し、インド太平洋で分散した分散部隊を有効にする方法を評価するものとする。

35. 米国議会は、以下を実施することにより、複数年分の国防費を大幅に追加することができるようにすべきである。（台湾の防衛に必要な相互運用性と補完性のある一連の能力を特定するために、台湾と米国の防衛当局者が合同で計画すること、および台湾が自国の軍隊のためにこれらの能力のシェアを調達するための追加資金を立法で約束すること。

第5章　香港

欧州委員会は推奨している。

36. 米国議会は、2023年2月に終了する香港人の米国への強制出国延期を延長するよう行政に指示する。この延期は2023年2月に終了する。
米国国務省および国土安全保障省は、米国における香港人の長期的な地位と待遇について、180日以内に議会に計画を提出する。

37. 米国議会は、香港でデータ業務を行う米国企業に対し、香港政府または中国当局から当該データへのアクセスの要請または試みに関する年次報告書の提出を義務付ける法案を検討する。この報告書には、アクセスの要求や試みの性質、米国企業のコンプライアンスについても詳述する。

38. 米国議会は、米国国務長官に対し、香港政策法に基づく年次報告書の要件に従い、香港でブロックされているすべてのウェブサイトの詳細なリストを記載し、情報の自由の制限について文書化するよう指示した。

39. 米国議会は、香港人権および脱民主主義法に従い、国際組織免除法を改正し、香港経済貿易事務所を被免除組織から除外し、それによって、当該事務所およびその職員が米国で享受している外交特権を廃止する。この改正は、以下のいずれかの条件の下で撤回される可能性がある。
○中華人民共和国が米国と交渉し、香港の経済貿易事務所を中華人民共和国の正式な一部とみなす協定を結ぶ中国の駐米公館で、同じ要件が適用されます。
○中国は香港の取り扱いを変更し、十分な自治を認め、香港政策法で列挙された一国二制度を遵守しています。

第4章

支柱を喪失して乱れる国際情勢

バイデン外交最大の敗北

2023年は世界が安定した構造から、すべてが不安定化している状態にある。この世界情勢に最も影響を与える国は覇権国のアメリカ。そのアメリカが「唯一の競争相手」と名指す中国と続く。米中を中心とした新東西構造にロシア、インド、トルコなどのかつての大国群が続いてパワーゲームを行っている構造だ。

ここでキャスティングボートを握る大きな要素の1つが、資源・エネルギーである。つまり西側にとってはアラブなどの産油国が非常に重要なポジションにあるということだ。もう1つが民主主義国家でありながら明確に西側に所属せず、中国、ロシアなどとの東側とも関係を維持しているインド、トルコということになる。

ところがバイデン政権は産油国に対する外交で大失敗をしてしまう。

2022年12月7日、中国の習近平国家主席は中東最大の産油国、サウジアラビアのサルマン・ビン・アブドゥルアジーズ国王の招待を受けて、首都・リヤドを公式訪問した。

サウジアラビアの国状について簡単に触れる。

2023年時点ではサルマン国王がサウジのトップだが、1935年12月31日生まれの高齢ということで、国政の実務はムハンマド・ビン・サルマン皇太子が取り仕切っている。1985年8月31日に生まれたムハンマド皇太子は、2023年1月時点で弱冠37歳だが、2010年代に国王の信頼を得て強大な権力を独占している状況だ。

2017年には、ムハンマド皇太子の命によって収賄や資金洗浄に手を染めたとして有力王族ら300人以上を逮捕。ライバルになる勢力を追放した。また、禁止されてきた映画館の運営や女性の車の運転を次々に解禁すると表明。「新世代の改革者」という名声を確立した。

習氏のサウジアラビア訪問は2016年以来だが、訪問翌日の2022年12月8日、会談でサウジと中国は「包括的戦略パートナーシップ協定」を結ぶことに署名。12件の2国間協定・覚書の締結にはムハンマド皇太子も立ち会うことになったのである。主な締結内容は、

・サウジアラビアの「ビジョン2030」と中国の「一帯一路」構想との協調
・水素エネルギー分野の覚書
・両国間の民事、商業、司法支援に関する協定

・中国語教育への協力に関する覚書
・直接投資奨励の覚書
・住宅分野での協力に関する覚書の条項を活性化する行動計画

などだ。深刻なのはデジタル経済分野協力の戦略的パートナーシップが締結されたことだ。デジタル経済や情報通信技術（ＩＣＴ）分野をカバーし、Ｅコマースやフィンテックなどのスタートアップ・民間企業の成長を促進する協定である。

サウジアラビアが中国の情報支配圏に入るということだ。

中国は情報・通信インフラ、システムを第三国に供給。情報のグリップを握ることで、第三国を静かに支配する。

そもそもサウジアラビアは親米国家だったのだから、バイデン政権最大の外交的敗北といえるだろう。この背景にはキリスト教、ユダヤ教、イスラム教という宗教と宗派の問題、2022年にアメリカで行われた中間選挙など複雑な要因が絡まっている。

そこで中東内の宗派を巡る対立から整理していこう。

サウジvsイランの構図

中東で内紛や戦争が起こった時、日本では「スンニ派」、「シーア派」など宗派や、アラブの国と非アラブ国などで分類しながら解説されることがほとんどだ。

わかりにくさを感じる人も多いのではないか。

国際政治を理解するために覚えておけばいいイスラム教宗派は「スンニ派」と「シーア派」だ。イスラム教の二大宗派で、世界のイスラム教徒人口のうちスンニ派が約8割、シーア派が1割強を占めるとされる。「Gulf 2000」によれば、湾岸各国の比率はスンニ派が約7割、シーア派が約2割という比率だ（次ページ図「湾岸の国別宗派人口比率」参照）。

両派の大きな違いはイスラム教の預言者、ムハンマドの後継者を巡る見解だ。

・スンニ派　ムハンマド死去後、娘婿でいとこのアリを含む4人をカリフ（最高指導者）として認める

・シーア派　ムハンマド死去後、娘婿でいとこのアリとその思想をカリフとする

この解釈の違いから両派は対立するのだ。その対立は国家レベルに及ぶ。というのは、

湾岸の国別宗派人口比率

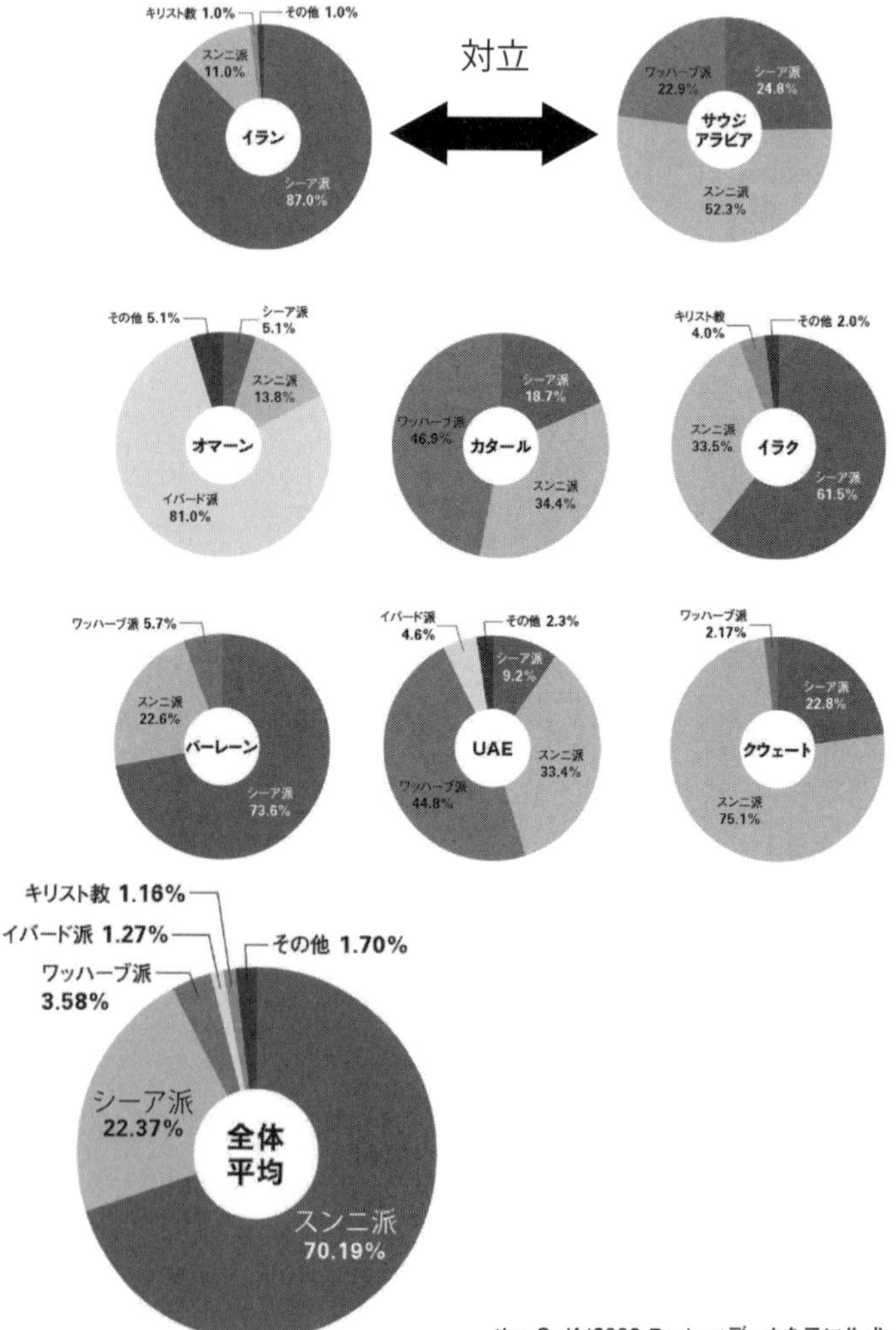

the Gulf/2000 Projectデータを元に作成

・スンニ派の盟主国＝サウジアラビア
・シーア派の盟主国＝イラン

だからである。サウジアラビアとイランが、「中東の盟主の座」を常に競い合っているのはそのためだ。

この問題をさらに複雑にしているのは支配階層と国民の間で宗派の差が生まれるからである。例えばバーレーンは王族がスンニ派、国民の多くはシーア派という宗派構図になっている。２０１１年にはアラブの春の流れの中で、この「宗教のねじれ」も手伝ってバーレーン騒乱が起こり、93人の死者が出た。

ところがバーレーンは暴動が起きても支配階層がおカネをばら撒くので、政権転覆まで進まない。イラクはシーア派の大きなエリアだったが、支配したサダム・フセインはスンニ派という構図だった。

このスンニ派とシーア派の対立図式の中に、アメリカやロシアの「思惑」が絡み付いてくるので問題の構図がわかりにくくなる。

２０１６年には「シリア内戦」をきっかけにサウジとイランが国交を断絶した。米ロを交えて、それを図式化したのが次々ページの「２０１６年サウジ・イラン国交断絶の概略図」である。

サウジはアメリカと同盟を結びながらロシアとも関係を維持。一方でアメリカのオバマ政権は核開発を巡る6カ国合意などを通じてイランに接近し、懐柔を試みた。

そのオバマ政権の外交の影響でサウジは追い詰められることになった。

追い詰められていたサウジ

シリア内戦は、中東の民主化運動「アラブの春」の影響を受けて、民主化を求める人々をアサド政権が弾圧したことをきっかけに始まった。イランは「主権尊重」を掲げアサド政権を支援した。ただし「支援」は緩やかなものではなく、イランが派遣した民兵や部隊が政権軍の屋台骨を支えるほどである。

一方、サウジはアサド大統領退陣を訴え、反体制派を支援してきた。だが、反体制派は劣勢に追い込まれ、残る大規模拠点は北西部イドリブ県のみ。支配地は国土の1割に過ぎない。

この支援対立の背景にあるのも宗派である。前述したようにイランにはイスラム教シー

2016年サウジ・イラン国交断絶の概略図

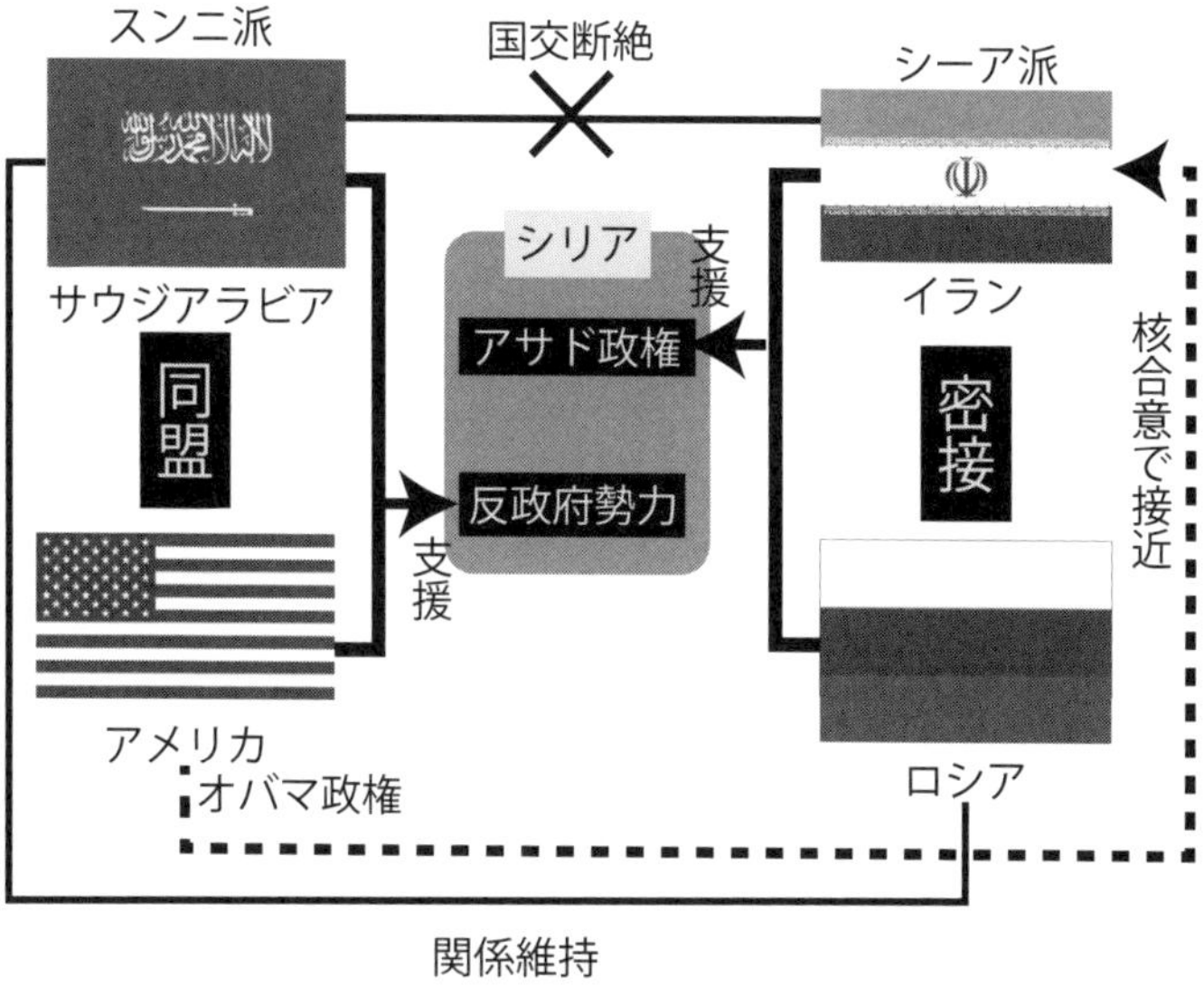

ア派が多い。サウジはイランについて、「イスラム教シーア派の人々を扇動して、各国の政体転覆をもくろんでいる」とみる。

イラン封じ込めは最優先の対外政策になっているが、成果は出せていない。

2016年の断交以降、サウジではイエメンからのミサイル攻撃が続いていた。発射しているのはイランの影響下にある反政府武装組織フーシだ。

イエメンではサウジがハディ暫定政権を支える。フーシは2014年、首都サヌアを占拠し、暫定政権を撤退させた。これを受けて、サウジは2015年からフーシへの空爆を開始。だが、多くの民間人が巻き添えになっており、国際社会から非難されている。

中東ではシリアとイエメンのほか、レバノンとイラクでもイランと関係の深い勢力が影響力を持つ。アラブ諸国、そしてイスラム教多数派のスンニ派の盟主を自任するサウジ。だがその周辺では、イランの影響力が強まる一方だった。

何よりサウジの台所事情は窮乏の一途だった。ムハンマド皇太子が「2020年までに石油に依存しない経済に移行する」としたものの、政府歳入の大部分を原油に頼る構造は変わらない。歳出の2割超を占める軍事費は「イランの脅威」で年々増加。2013年以来、赤字予算だったが、コロナ禍とウクライナ戦争による原油高騰によって2022年にようやく黒字に戻した。

サウジにアラブの連帯を尊重する余裕がなくなり、ムハンマド皇太子が国益の最大化を目指す「サウジ・ファースト」の姿勢を強めていることは、アラブ諸国の分断を招いた。

2017年6月には、隣国カタールがイランに接近したとして、サウジはアラブ首長国連邦(UAE)やバーレーンとともに断交に踏み切り、経済封鎖を行った。だが結果は、元々はイランよりサウジに近かったカタールが、イランとの関係を強化する裏目に出た。

焦るサウジに、千載一遇のチャンスと映ったのがトランプ政権の誕生だ。トランプ氏は2017年の大統領就任前からオバマ前政権が結んだイランとの核合意を批判していた。

トランプ氏が批判したのはオバマ政権が、2015年に米英仏独ロ中の6カ国と、イランの核開発を大幅に制限する見返りに、イランへの経済制裁を緩和する核合意を結ぶイラン宥和政策だった。

結果、イランのプレゼンスは増し、オバマ政権時代のサウジはアラブ社会でのプレゼンスを喪失していたのである。

ところが大統領就任後、トランプ政権はイランと新たな核合意を取り付けるために、イランへの経済制裁を復活。イラン産原油の輸入を完全に停止するよう同盟国に求め、イラン産原油の取引量を減らしたり、輸入を止めたりする国が増えていったのだ。

トランプ氏はイスラム教徒に対する差別的な発言をしたり、一部アラブ国籍者の入国禁止措置を講じたりしたが、サウジは接近。トランプ氏は2017年5月、初めての外遊先にサウジを選ぶ。その外遊中、サウジは米国と計1100億ドル（約12兆円）に及ぶ巨額の武器購入契約を結び、米国の利益にこだわるトランプ氏を喜ばせた。

「敵の敵は味方」トランプ外交で中東が安定

2017年12月6日、トランプ氏はイスラエルの首都を、エルサレムであるとして、アメリカ大使館をエルサレムに移した。アメリカの歴代政権の政策を転換した。

日本人は中東とヨーロッパ、アフリカの関係を、独立した別の存在のようにみる傾向が強い。あたかも旅行のカタログ・パンフレットが中東、ヨーロッパ、アフリカで別になっているがごときだ。

しかし、この3つを遮る地中海の大きさは、日本列島が入る程度で、実態としての距離は陸続きのようなものだ。

また、多くの日本人にとってキリスト教、イスラム教、ユダヤ教はすべて違う宗教のようにみえるかもしれない。しかし、3つの宗教の「神」はすべて同じだ。その3つの宗教の聖地こそエルサレムである。

エルサレムの首都認定の動きの背後にあったのが、トランプ氏の娘婿のクシュナー氏だ。クシュナー家は、1949年に祖父母がベラルーシからポーランドを経て米国へ移民したユダヤ人。クシュナー氏本人もイスラエル建国を目指したシオニストである。こうした動きの背景にはクシュナー氏の意見が強く影響しているとされていた。

エルサレムを「首都」として認めると、ユダヤ教のイスラエルが「聖地」を占有したということになる。混乱は必至だからこそ国際社会が「テルアビブ」を首都としていたのだ。ところが混乱は起きなかった。2018年4月2日には、ムハンマド皇太子が米誌アトランティックのインタビューで、

「イスラエルの人々は自国の土地で平和に暮らす権利がある」

と踏み込んだ発言をした。アラブ諸国の多くが敵対するイスラエルの存在を容認したと受け取れる発言は、内外に大きな波紋を呼んだ。

さらにトランプ氏は2018年5月9日、「イラン核合意」から離脱。イランに対してよ

り強硬な政策を展開した。

　サウジ政府は否定するが、サウジがイスラエルと接触しているとの情報は2017年以降、たびたび報じられている。「対イラン」でサウジとトランプ政権、イスラエルの関係が強化されたということだ。

　イランを唯一の「敵」として、敵の敵は味方というトランプ政権の外交戦略によって、中東は再び安定を取り戻す。

　2020年8月13日には、トランプ氏の仲介によってUAEとイスラエルが、国交を正常化に合意するという歴史的な転換が実現した。トランプ政権の外交適正化は極めて大きかったといえるだろう。

　ところがアメリカ－サウジ－イスラエルを軸にして「対イラン」の構図を作ったことによる安定は長く続かなかった。2020年のアメリカ大統領選挙を経て、2021年に民主党、バイデン政権が誕生したからである。

米民主党の悪夢

バイデン政権の誕生での最大の懸念だったのが、アメリカとアラブの関係悪化だった。バイデン氏は、2020年大統領選挙中も、対中東政策を明らかにしていなかった。その一方でイランとの核合意復帰を公約としていたからだ。

トランプ政権のイラン強硬政策から、オバマ政権の懐柔政策への転換が起こることは事前に予測されていた。前述したようにトランプ政権の最大の外交的功績は、イスラエル（ユダヤ教）とアラブ（スンニ派）との融和である。アラブの敵はイランなど中東（シーア派）であることから、敵の敵は味方の論理で、話をまとめ上げたていた図式を、再び混乱に戻すということだ。

バイデン政権の外交政策はアラブ社会に対する裏切りということで、反発は必須の状態となった。

この状況をさらに悪化させたのが、「サウジアラビア人記者ジャマル・カショギ氏殺害事件」に対するバイデン大統領の発言だ。アメリカ在住のカショギ氏はサウジアラビアに批判的な立場だったが、2018年10月、トルコのイスタンブールのサウジ領事館でサウジの工作員に殺害された。

2021年2月26日、バイデン政権はムハンマド皇太子が「拘束または殺害する作戦を承認した」との情報機関の報告書を公表。さらに同日にはバイデン氏が、事実上の「王」であるムハンマド皇太子ではなく、父のサルマン国王と協議する考えを示し、

「彼らに人権侵害の責任を負わせる。私たちと関係を望むなら、人権侵害に対処しなければならない」

と強調した。また報告書公表を受け、バイデン政権は皇太子の警護隊などを、資金凍結を含む制裁対象に指定。サウジ人76人にアメリカ入国ビザ発給を制限するとした。

ムハンマド皇太子に制裁を科していないものの、寝た子を起こすどころか事実上の「王」を侮辱したということだ。この因縁は2023年1月現在も色濃く残っており、アメリカとサウジは表向きは平和的関係であるが、まともな話し合いもできない状態に近い。

希代の無能に目玉政策を任せた

選挙で「核合意復帰」を公約にしたバイデン氏だが、大統領就任後にはイランとの間で核合意は空転したばかりか、ウクライナ戦争を通じてイランはロシアとの関係をますます深めている。

ウクライナ戦争においてはロシアにドローンなどを含めた武器を公然と提供しているのだからイランに対する宥和政策は、侵略された側のウクライナ人を殺す効果しかなかったということだ。

しかも2022年12月20日には、イラン核合意の再建交渉について問われたバイデン米大統領本人が、

「『交渉は』すでに死んでいるが、我々はそれをアナウンスしていない」

と発言した動画がTwitterで拡散する始末だ（次ページ写真『イラン核合意は「死んだ」と発言』参照）。

その上でバイデン政権は気候変動対策を目玉政策にしてシェールガス、シェールオイルの採掘を中止し、国有地のガソリンなどの採掘料を引き上げ、新規の採掘も認めなかった。また脱化石燃料を目指し、ESG投資やグリーン投資の拡大を働きかけ、金融などにも化石燃料融資をしないように圧力をかけたのである。

石油産油国の失望は当然のことといえるだろう。

このバイデン政権による複合的な中東政策失敗の中で、石油やエネルギーの巨大消費国となった中国がアラブに接近を始めていたわけだ。そして、サウジと中国の戦略協定が結

イラン核合意は「死んだ」と発言

[برجام] مُرده، ولی اعلام نمی‌کنیم
It is dead,
but we're not gonna announce it

（Twitterアカウント　@DamonMaghsoudi　午後3:16・2022年12月20日より）

ばれることになったのである。

これは西側諸国全体にとっては大きなマイナスであり、ドルの不安定化にもつながるリスクが高い。現在、アラブの湾岸通貨はドルペッグであり、ドルは原油により裏付けられている構造にあるからだ。

中国には石油のドル支配を最終的には人民元に切り替えさせ、ドル構造からの脱出したい意図がある。しかし、アラブはその資産のほとんどをドルで運用し、ドルで保管しており、それは過去の資産を失うことを意味する。

中東と中国の接近が密になるのか疎になるのかは、バイデン政権次第ということだ。

一連の「愚策」の中心にいる人物が、バイデン政権で気候変動問題担当大統領特使を務めるジョン・ケリー元国務長官だ。「働き者の無能」ほど破壊力のある人間はいないが、ケリー氏の無能は「超人」の域である。

オバマ政権時代にケリー氏は国務長官を担当したが、その専門はまさに中国だった。この時の宥和政策によって中国がアメリカにとって「唯一の競争相手」になるまで成長してしまったのは、ここまで書いた通りだ。

バイデン政権は、ケリー氏を気候変動問題担当大統領特使として任命し、COP26などで脱化石燃料を主導させた。また、中国との間でも環境問題では連携するとして、ケリー氏が対中外交のパイプとなっているのだ。

脱化石燃料ということで中東外交を続々と失敗に追い込むばかりか、対中強硬政策を妨害している人物とされているのである。

グリーン利権を狙う亡者たち

そもそも気候変動対策は偽善に満ちている。そう断言できる最たる事実は、環境問題がアメリカ民主党の最大利権である点だ。

利権化の歴史を整理しよう。

アメリカ民主党で本格的に地球温暖化を政策に取り入れたのはクリントン政権で、中心人物となったのが副大統領を務めたアル・ゴア氏だ。例えばビル・クリントン政権では、温暖化防止効果があるとしてトウモロコシなどを原料としたバイオエタノールの導入推進を国家戦略として位置付けた大統領令を発令。バイオ燃料を使ったクリーンディーゼルの開発などによって、バイオ燃料バブルが起こった。

２０００年アメリカ大統領選に民主党代表として立候補し敗れたゴア氏は、政界から距離を置き、環境活動家として環境ビジネスへと進出。２００７年には環境活動についてノーベル平和賞を授与された。

政界引退後のゴア氏は炭素排出権取引市場、太陽光発電、バイオ燃料、電気自動車、持続可能な養殖、水なしトイレなどに投資をするファンドを立ち上げる。築いた富は巨万で２００９年11月にはイギリスの「デイリー・テレグラフ」が、

「アル・ゴアは世界で最初の炭素長者になった」（Al Gore could become world's first carbon billionaire）

と題した記事を発表。２０００年の選挙敗北後に１２０万ポンド（約1億８０００万円）だったゴア氏の資産は、「環境ビジネス」によって、推定６０００万ポンド（約90億円）にまでなったことが明らかになった。

またゴア氏は２００５年にケーブルテレビチャンネル「カレントＴＶ」を創設したが、２０１３年にはカタールのアルジャジーラＴＶに「カレントＴＶ」を売却。化石燃料を批判しながら、産油国から利益を得た行為に批判が集まった。

ゴア氏は「環境政策」が莫大な金を生み出すことを体現し、以降、「環境政策」は民主党

の一部の巨大な利権となった。

2020年11月4日、アメリカのトランプ政権は地球温暖化対策の国際的な枠組み「パリ協定」から正式に離脱した。トランプ氏が「パリ協定」から離脱した本当の目的は、民主党の「環境利権」を切り離すことだった。グリーン政策がアメリカの「国益」を損ない、特定なごく一部の巨大な「利権」になっていることを知っていたからだ。

民主党に政権交代したことで、ゴア氏の後継者のポジションにいるのがケリー氏である。バイデン政権の脱化石燃料政策は、民主党の利権である排出権取引やグリーンビジネスによる部分が大きい。また民主党の脱化石燃料は共和党の最大のスポンサーでもある石油業界への当て付けの側面も強い。

というのは産油地テキサスが共和党の大票田ということで、共和党は石油やシェールガス、天然ガスなど化石燃料を推進する傾向がある。ただし、この方針を一方的な利権と言い切れないのはアメリカのエネルギーバランスや国益に合っているからだ。脱化石燃料を進めていなければ、ウクライナ侵攻以降、ガソリンがここまで高騰することはなかった事実がその証左である。

アメリカ政府を支配するのは議会

このアメリカとアラブ社会との歪みを自己の利益とするべく、中国はサウジアラビアを出発点に産油地に手を出したという構図である。

しかし、中国とアラブとの関係緊密化をインドもトルコも望んでいない。中国がアラブに接近すればするほど、インドやトルコとは中国と距離を置き敵対的になる。

そもそもインドは中国との間に国境問題を抱えている。2020年には国境係争地帯でインド軍と中国軍が衝突し、24人の兵士が死亡。2022年12月9日には中国がインドの領土に侵入したことで、両軍が再び衝突している。

インドもトルコも中国には国際ルールを守る意図がなく、国際ルールを従わせながら植民地を拡大することを知悉しているからだ。

この構図は上海協力機構に参加している中央アジア諸国も同様だ。地政学的な問題から中央アジア諸国と中国との接近は、インドやトルコにとっては死活問題だ。この地域はインド、トルコが対等な立場で対話可能なロシアのプレゼンス優位が望ましい。

中国は世界のバランスを大きく変えようとしているが、それは世界の不安定化を招き、結果的に中国が世界各国の敵になる可能性を高めることになる。短期的な戦略としてはうまくいったとしても、中長期的にはそれが仇になる可能性が高い。

「債務の罠」が露見したばかりか、2022年7月にはスリランカが経済破綻した。こうしたことで行き詰まった一帯一路の現状は、中長期で中国の植民地政策が頓挫することを示唆している。

中国共産党が自国中心主義を改めない限り、いずれは対立に転化する。だが自国中心主義は、「中国が世界の中心である」という「中華思想」の理念であり、それを捨てることはない。また西側がその価値観を受け入れることもない。

すなわち文化衝突ということだ。

この東西新冷戦の支柱であるアメリカの戦略に最も影響を与えるのはアメリカ議会だ。大統領は、あくまでも大統領令に基づく権限を与えられているのに過ぎない。

大統領は軍の最高司令官、議会の提案を拒否する拒否権などの強力な権限はあるものの、外交・安全保障などの国家戦略は上院、予算権限などの内政は下院が握っているという政治構造だ。

さらにアメリカの予算は、「何をするのか」という「ＴｏＤｏ」が付帯した形で認められる。例えば「国防権限法」はアメリカの国防予算の大枠を決めるために毎年議会を通過するので、「国防権限法２０２２」、「国防権限法２０２３」など年度を付されて表記されることが多い。

もちろん国防権限法には「ＴｏＤｏ」が盛り込まれているので、ここから先の1年、世界の支柱アメリカが何をするのかを見通す材料になる。

２０２２年12月23日、国防権限法がバイデン大統領の署名により成立した。今回の国防権限法の特徴は、台湾有事への現実的な備えで、台湾に対する明確な支援を示したことにある。具体的には台湾の装備品拡充のために１００億ドルの予算を付け、台湾防衛の意思を示した。

当然中国政府は、これに対して「強い不満と断固反対」を表明したが、アメリカの予算に対しては威嚇以外、何もできることはない。

中間選挙とアメリカの行方

このように予算を通すためには、先に議会を通過させなければならない。そこで重要になるのが、2022年11月8日に行われた中間選挙だ。アメリカの選挙制度は、

・大統領選の任期は4年で、3選禁止
・上院の任期は6年で、2年ごとに1／3改選
・下院の任期は2年で、2年ごとに全議席改選

となっている（次ページ図「アメリカの政治制度」参照）。中間選挙は4年ごとの大統領選の間で行われ、上院1／3、下院全議席の選挙が行われる仕組みだ。

民主党のカラーは青、共和党のカラーは赤となっていて、2022年中間選挙の事前予想は共和党が圧倒的有利とされた。だが、共和党が圧勝する「レッドウェーブ（赤い波）」は起こらず結果は、

・上院（過半数50）　民主党51　共和党　49
・下院（過半数218）　民主党213　共和党222

アメリカの政治制度

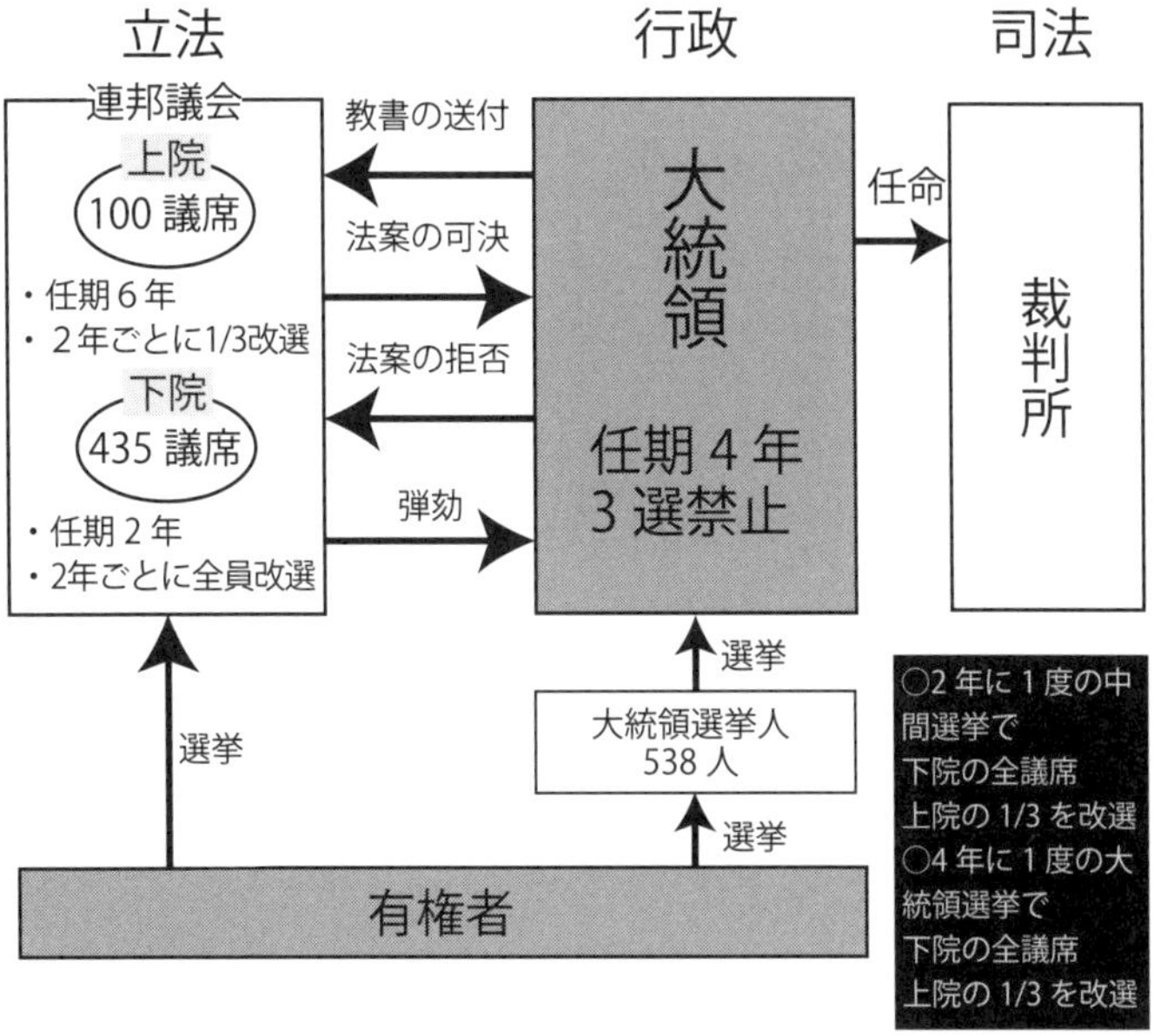
立法
行政
司法
連邦議会
上院
100 議席
・任期6年
・2年ごとに1/3改選
下院
435 議席
・任期2年
・2年ごとに全員改選
教書の送付
法案の可決
法案の拒否
弾劾
大統領
任期4年
3選禁止
任命
裁判所
選挙
大統領選挙人
538 人
選挙
選挙
有権者
○2年に1度の中間選挙で
下院の全議席
上院の1/3を改選
○4年に1度の大統領選挙で
下院の全議席
上院の1/3を改選

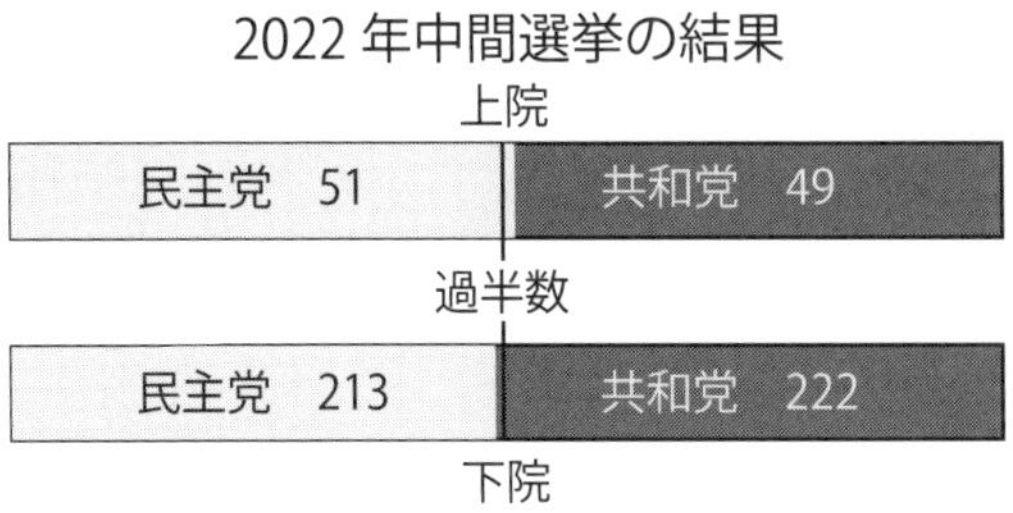
2022年中間選挙の結果
上院
民主党 51
共和党 49
過半数
民主党 213
共和党 222
下院

となった。上院を民主党が、下院を共和党がとったねじれの構造だ。与党・民主党が上院をとったことで人事は変わらず、共和党が下院をとったことで予算権限を握ることになった。

バイデン政権は「グリーン政策」を党一丸となって進めていたが、この「目玉政策」が否定されたということだ。また、2020年の大統領選の結果に反発したことで発生した、2021年米議会襲撃事件について調査する下院の特別委員会は解散することになるだろう。

新冷戦のフロントラインに位置する日本にとって最大の懸念は、対中政策だ。アメリカ議会の対中政策に関しては、民主党、共和党ともに強硬である。前述した「TikTok禁止法案」をまとめている、対中強硬派の有力議員、マルコ・ルビオ氏などが勝利しているため強硬姿勢は維持されると考えられる。

一方で、ウクライナ問題に関しては、「アメリカの予算を使い」ウクライナを支援することに対して、共和党は否定的な立場だ。このため、ウクライナへの支援は縮小する可能性が高い。ただし、これは「アメリカの予算を使う」ことに対してで、地政学的に当事者であるNATO（北大西洋条約機構）やEUに負担を求める形になるだろう。

これは共和党がウクライナ戦争を軽視しているわけではなくリスク管理の問題だ。

日本人にとって「世界地図」は太平洋を中心とした「世界全図」が一般的だが、欧米で一般的な地図は大西洋を中心としたものである。この太平洋中心図からみると日本は最東端に位置するということで、「極東」と呼ばれているのだ。

この欧米的地球観からすれば、ウクライナとロシアの戦争はアメリカにとって大きな脅威ではない。地政学的にみれば、黒海艦隊とバルチック艦隊が事実上機能不全になっていることで、大西洋のリスクは軽減されているからだ。

アメリカにとっては、太平洋に進出し、ハワイを中心とした第三列島戦までプレゼンスを高めようとしている中国のほうが明らかにリスクが高いのである。

このため、アメリカ本土を揺るがす可能性が高いアジア戦略は大きく変わらない。中国の第三列島戦進出への「蓋」になっているのが台湾と日本である。ゆえに台湾問題等については、より強硬に対抗し、動きが本格化する可能性が高いといえるだろう。

エネルギー政策の転換

どの国でも同じだが、国家戦略と有権者の求める政策との間には乖離がある。アメリカが国家戦略として対中政策を強硬化することはここまで解説したが、アメリカの有権者の望む政策は1にも2にも「インフレ対策」だ。

このことが民主党のグリーン政策に「ノー」を突き付け、結果的に下院で民主党が敗北した大きな要因である。まずは数字をご覧いただきたい。

2022年12月13〜14日に行われたFOMC（連邦公開市場委員会）によって、アメリカの中央銀行にあたるFRB（米連邦準備理事会）は0・5%の利上げが決定。金利の誘導目標を4・25〜4・5%とした。

アメリカのCPI（消費者物価指数）がピークアウトして、さらに下落する可能性が高いため、利上げを減速させる流れにある（次ページ図「アメリカのCPI（消費者物価指数）推移」）。

住宅ローン金利なども緩やかに落ち着く流れであることが予測され、ソフトランディン

アメリカのCPI（消費者物価指数）推移

（前年同月比）

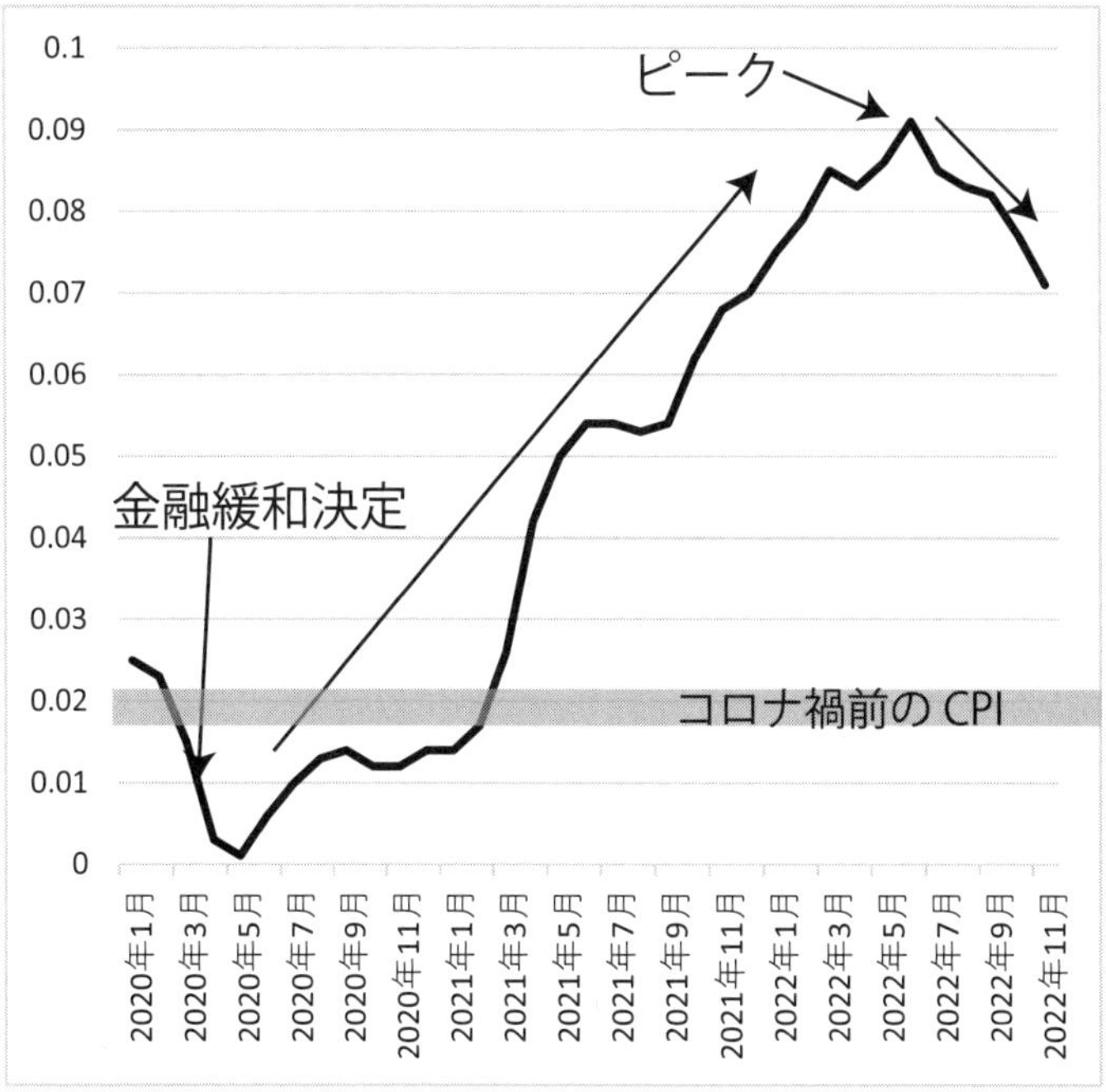

グの可能性が高い。問題は資源・エネルギー価格で、原油価格の動静次第では、CPIも上昇に転じる可能性が残っていることだ。

この未曽有のインフレは、コロナ禍を通じた複合的な要因が関係して起こっている。大きくいえば、

・2020年3月にG7中央銀行・財相が決定した、コロナ禍による経済への影響を食い止めるための大規模な金融緩和

・コロナ禍によるサプライチェーンの停止と、先進国が脱コロナに転換したことによって起こった供給不足

・脱化石燃料への過度な移行による化石燃料の急騰、その急騰によってロシアが起こしたウクライナ戦争によるさらなる急騰

である。順を追って整理していこう。

2020年3月、コロナ禍による金融の流動性停止を防ぐため、G7は未曽有の金融緩和を行った。これによってドルは飽和状態になる。感染拡大防止のために移動制限が行われ、そのことで経済は停滞した。

行き場を失ったマネーは金融市場になだれ込み、バブルが起こったのである。

インフレの簡易モデル――その1

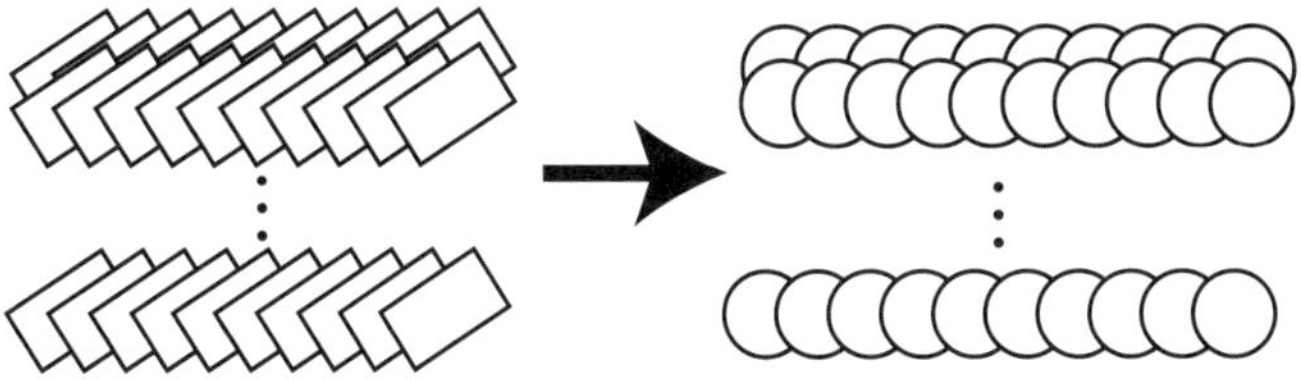

100個の製品に対して100枚の引換券があれば、1個の製品は1枚の引換券で手に入れることができる

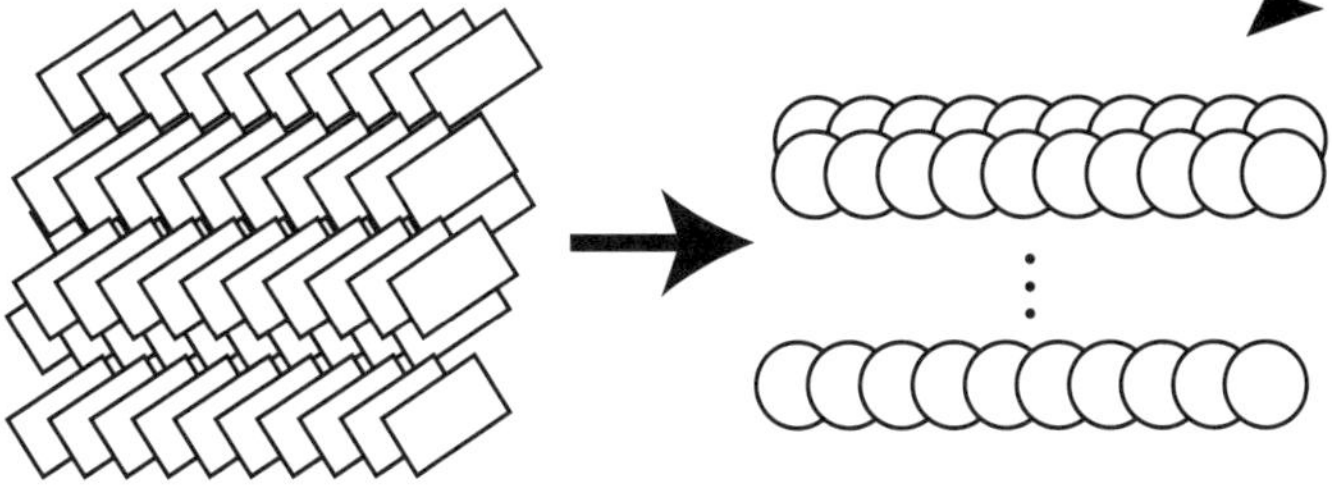

100個の製品に対して1000枚の引換券が刷られると、10枚の引換券がなければ製品は手に入れることができない

引換券を刷ったことで製品は10倍に値上がった

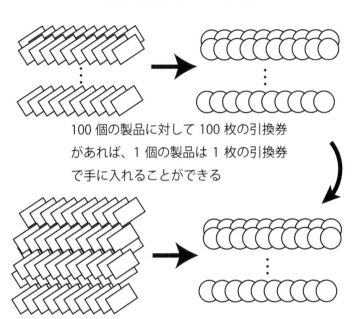

そのことで発生したのがインフレだ。

例えば100個の製品に対して100枚の引換券があるとする。この状況で一人に1枚の引換券を渡せば、100人が1つの製品を手に入れることができる。ところが引換券を刷って1000枚にして1000人に配ると、1000人の人たちが100個の製品を奪い合うことになる。

引換券を1000枚刷ったことで、1個の製品のために1枚で済んでいた引換券が、10枚必要になったということだ（次ページ「インフレの簡易モデル——その1」参照）。

これがインフレである。

グリーン政策推進でインフレが加速

このインフレを収束するためには、刷りすぎた引換券を回収するしかしない。すなわち中央銀行が刷りすぎた貨幣を回収するということだ。

回収は中央銀行による「利上げ」によって行われる。

ところが回収前に発生したのが脱コロナ禍の濃淡だ。G7を中心に2021年からワクチン供給が本格化し、合わせて経済活動も復活していったが、開発国はその状況にはなかった。

グローバリズムは開発国でモノを生産して、先進国で消費する構図だ。先進国側が経済活動再開で急速にモノの需要が高まったのにもかかわらず、生産地はコロナ禍でモノを供給できない状況に陥った。

前述の例でいえば100個あった製品が50個になってしまったのだ。引換券が余っている状況で、製品が減ればさらにモノの価格が上がるのは当然である。資源・エネルギー産出国はコロナ禍にあるのにもかかわらず、消費国は脱コロナによって復活したことから価格高騰が始まった。

シェール革命によって世界最大の産油国になったアメリカだが、原油価格高騰はバイデン政権の政策によるところが大きい。

国土の広いアメリカでは、多くの国民にとってガソリン価格が最も大きな問題であり、物価の上昇が大きな問題だ。次ページの図「アメリカ州ごとの平均ガス料金」はアメリカのガソリン価格の州ごとの平均値をマップにしたものだ。

併せて中間選挙の州ごとの結果を掲載したが、ガソリン価格の高い州は民主党が支配す

アメリカ州ごとの平均ガス料金

2023年1月4日現在

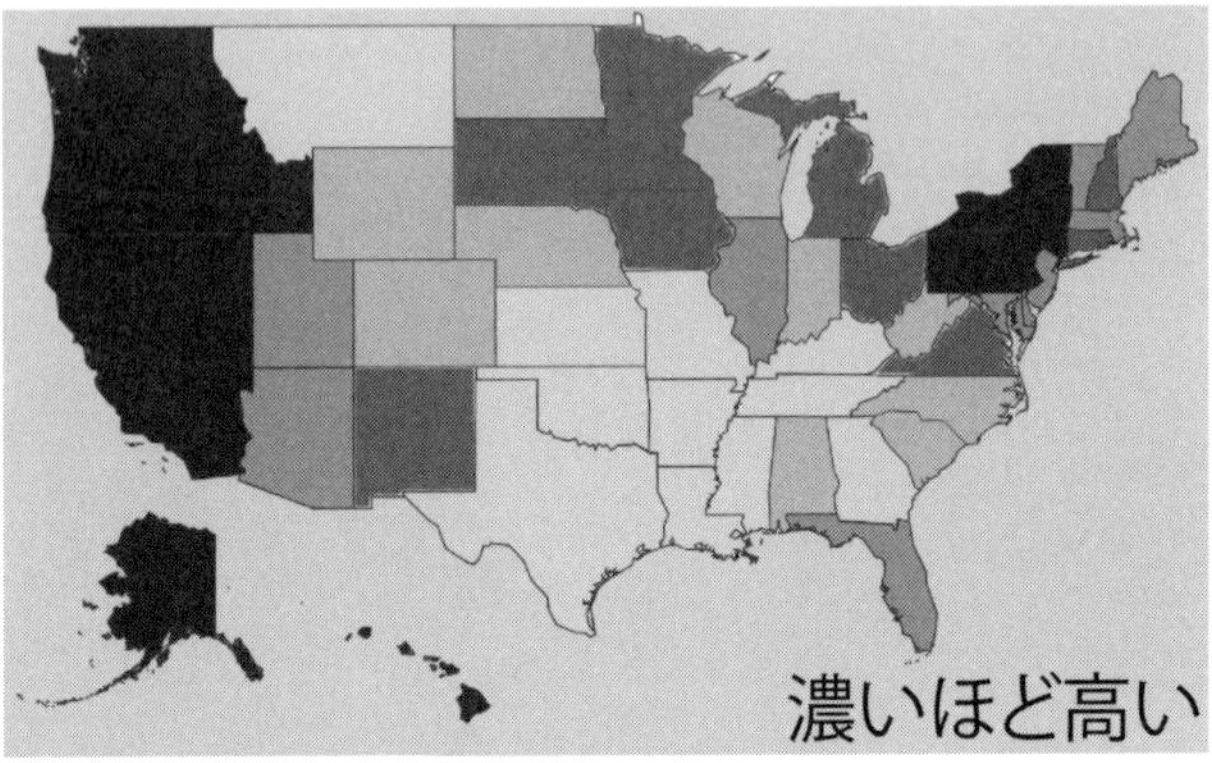

(https://gasprices.aaa.com/ の図をモノクロ向けに加工)

2022 年　中間選挙の州別結果

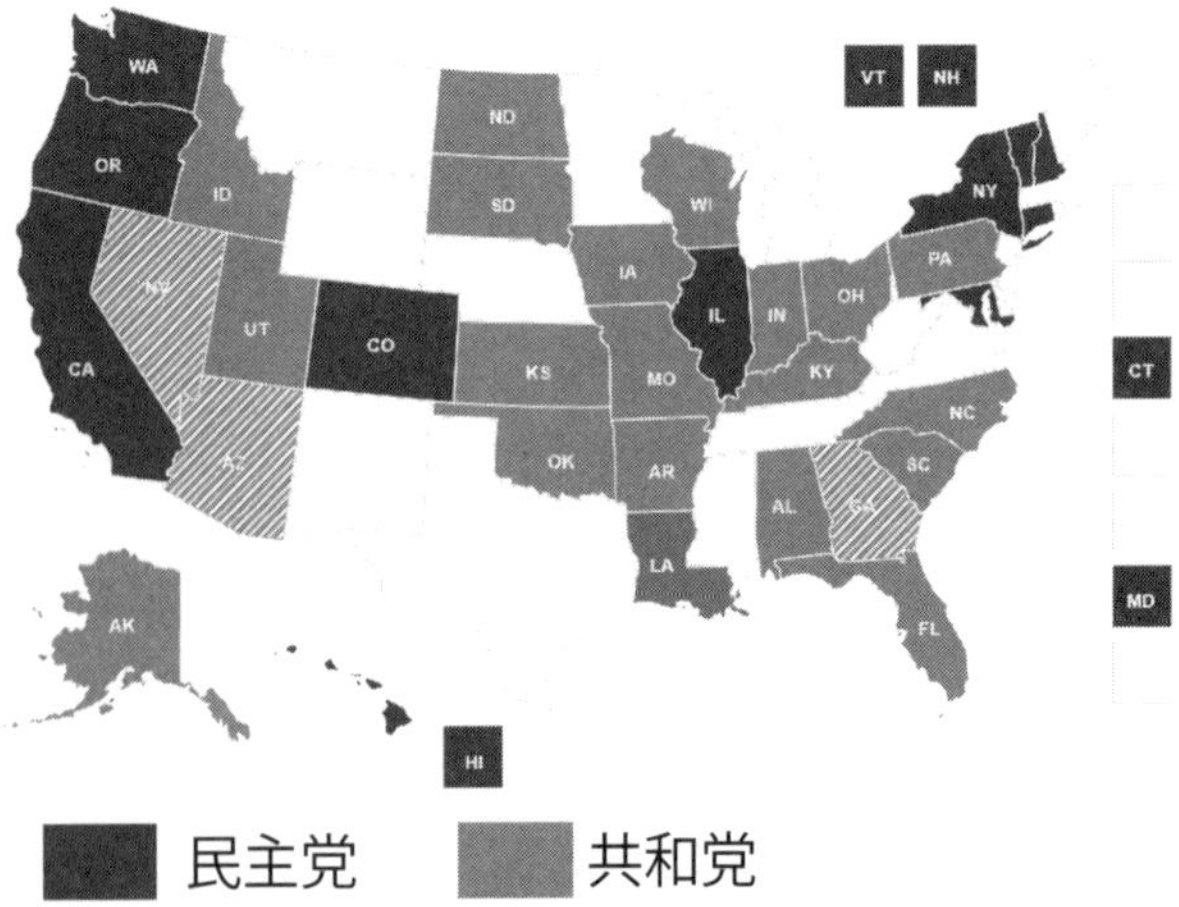

る州である。

民主党は貧困救済などを含めた社会福祉政策を充実させるため税金が高く、化石燃料に否定的な州ということだ。電力料金も同様で、太陽光など自然エネルギーに傾斜すれば、エネルギーコストが高くなるのも当然だ。

バイデン大統領はシェールガス、シェールオイルの採掘を止め、国有地のガソリンなどの採掘料を引き上げ、新規の採掘も認めなかった。その一方で、ＥＳＧ投資やグリーン投資を求め、金融などにも化石燃料融資をしないように圧力をかけたのだ。

これではエネルギー価格が上がるのは当たり前である。

その結果、インフレはもう一段高いステージに上がることになった。量的緩和と需給のアンバランスによって物価上昇していたところに、今度は資源・エネルギー価格の急騰によって生産原価そのものも急騰したからだ（次ページ「インフレの簡易モデル――その２」参照）。

次章で解説するが、このインフレ構造がウクライナに流血の惨事をもたらすことになる。

インフレの簡易モデル——その2

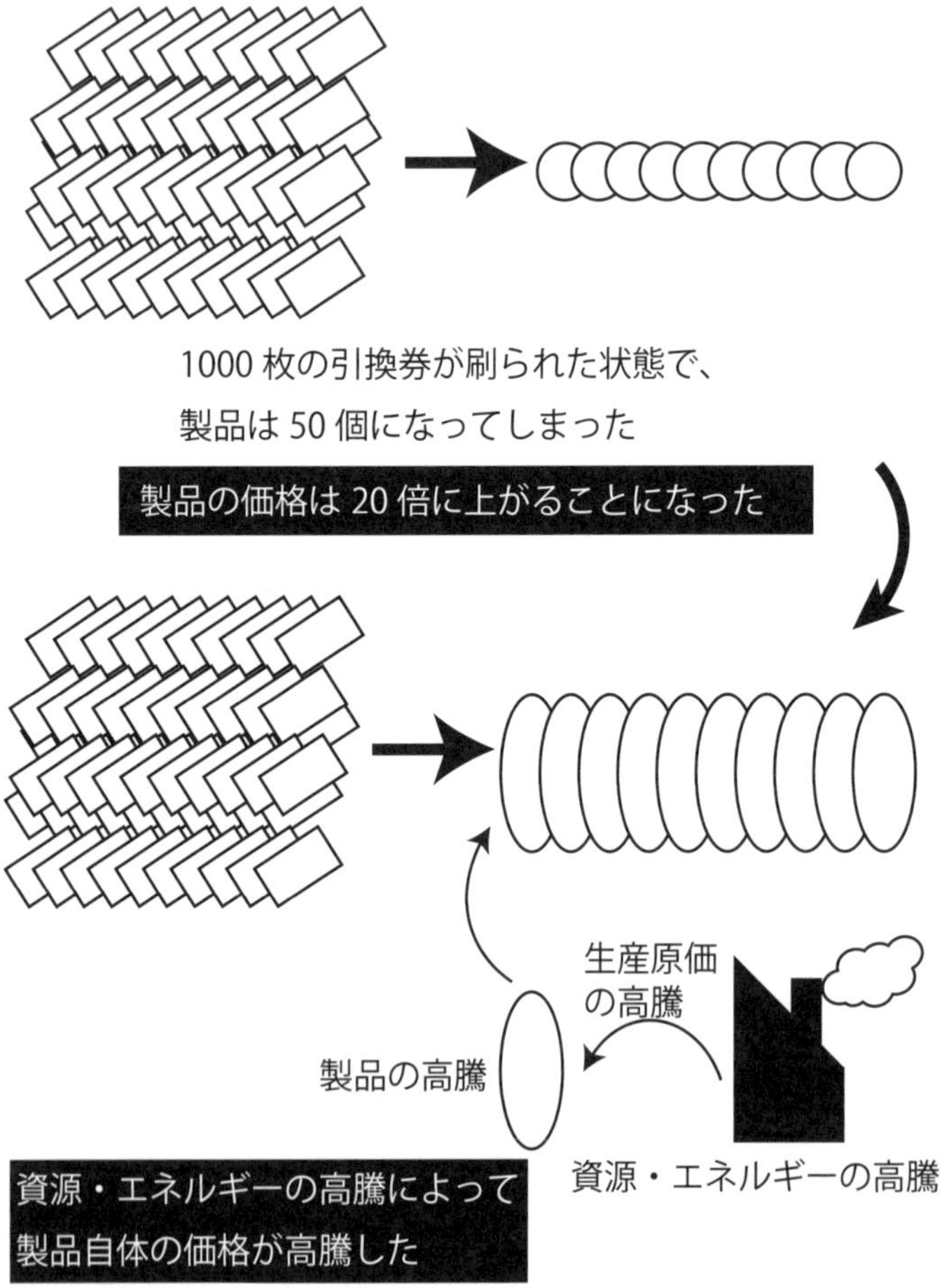

1000 枚の引換券が刷られた状態で、
製品は 50 個になってしまった
製品の価格は 20 倍に上がることになった
生産原価
の高騰
製品の高騰
資源・エネルギーの高騰
資源・エネルギーの高騰によって
製品自体の価格が高騰した

エネルギー政策の失敗

ここまで書いたようにアメリカ国内のインフレを抑制するためには、

①利上げによるドルの回収

②グリーンエネルギー政策の中止

という2つが必要だ。①FRBによる利上げをしたことによって、インフレは依然として高いもののピークアウトに成功した。問題だったグリーン政策は、中間選挙によって「ノー」を突き付けられた。

2022年6月15日には、バイデン大統領が米エクソンモービルやシェブロンなど合計7社の幹部に、

「戦時にもかかわらず製油所の利益率は平時より高い。受け入れることができない」

「企業はガソリンやディーゼル、その他の石油製品をただちに増産しなければいけない」

と増産を迫る書簡を送った。企業の生産計画や収益に対して大統領が介入するのは異例で、それほど追い詰められていたということだ。もちろん石油会社は冷淡だった。

自国がダメならということで、問題になるのがアラブだが前述した事情でサウジはバイデン政権に対して、「にべもない」対応を継続している。2022年7月15日、中東を歴訪していたバイデン大統領はサウジのサルマン皇太子と会談。サウジに増産を求めたもののサウジ側は明確な答えを出さなかった。

2022年10月31日にはバイデン大統領とメジャー幹部の間で小競り合いが起きた。同日バイデン大統領は記者会見で、原油高によって米石油メジャーが大幅増収を達成した件に触れ、

「石油会社は米国への投資を増やしたり、消費者に利益を還元したりすることなく、余った利益を株主や自社株の買い戻しに回していて、役員報酬が急騰している」

「米国の消費者のためにガソリン価格を下げる取り組みを行わないのであれば、石油会社は超過利潤に対する高い税金を払うことになることに加え、そのほかの制限にも直面することになる。私のチームは議会と協力してそのほかの選択肢を検討するつもりだ」

と圧力をかけたのだ。この発言を受けて、API（アメリカ石油協会）のCEOのマイク・ソマーズ氏は、同日、

「ガソリン価格下落を（バイデン大統領）自身の手柄にし、ガソリン価格上昇の責任を石油

会社に転嫁している」

という反論の声明を出したのである。

バイデン大統領が「脱化石燃料政策」の中止を明言しない限り、石油生産者との溝は埋まりそうにない流れだ。ゆえにアメリカのインフレピークアウトが一時的なものだという懸念を拭うことができない不確定な状況にある。

民主党敗北の意味

日本でいえば、わざわざスタバに行ってパソコンを広げるような人を典型例とした「意識高い系」の多くがアメリカの民主党支持者だ。GAFAなどIT企業が「意識高い系」の小さな声を、SNSなどを通じて大きな声にした側面がある。

そうしたSNSを通じたノイジーマイノリティの跋扈を「憎悪を煽るだけ」として一石どころか巨大な隕石を落としたのが、イーロン・マスク氏だ。

2022年10月28日までにマスク氏はTwitter社買収を完了。すぐに大規模リストラに取りかかると、Twitterを意図的に操作していた「意識高い系従業員」は一掃。

これまでＴｗｉｔｔｅｒを支配していたリベラル言論のパワーが急速に落ちることになった。

同年11月9日、ＦａｃｅｂｏｏｋやＩｎｓｔａｇｒａｍを運営するＭｅｔａ（旧Ｆａｃｅｂｏｏｋ）は、全従業員の約13％に当たる1万1000人超のリストラを行うことを発表。また同月17日、米アマゾン・ドット・コムは23年までの人員削減計画を正式に発表する。報じられた内容は、解雇人数延べ1万人、創業以来初となる歴史的大規模レイオフになるという。

この大きな要因はＦＲＢが利上げしたことによる流動マネーの回収にある。コロナ禍の中でＧＡＦＡは未曽有の好況のように報じられていたが、実態は余ったマネーがなだれ込んだだけに過ぎなかったということだ。

同様にリベラルが思い付いた通貨はいくら発行しても国は破綻しないというＭＭＴ理論も崩壊することになった。ＭＭＴが成立する条件がハイパーインフレを起こさないということだ。アメリカでは金融緩和によるハイパーインフレが発生したことから「机上の空論」であることが証明されたのである。

「意識高い系」がこよなく愛する「リベラル」は、脱コロナに伴って排除されているということだ。

GAFAはインターネット上でサービスを提供する基盤を持つ企業、すなわちプラットフォーマーである。プラットフォーマーについては民主党、共和党ともに規制を行うべきという意見だ。

民主党はファクトチェックを強化し、検閲を強化する形での規制。民主党はプラットフォーマーを検閲をしてはならず、検閲するのであれば言論機関とみなすという規制を求めてきた。

2022年中間選挙で共和党が下院を制したことで、自由と責任を求める方向に変わる可能性は高い。マスク氏のTwitter買収劇も、これを前提としたものであるとみられている。

繰り返すがアメリカの変化はアメリカ国内だけではなく、世界に影響を与える。日本にもその波はやってくるということだ。

また、気候変動対策、脱化石燃料についても共和党が下院を制したことで、アメリカ国内で大きな政策転換が行われる可能性は高い。下院は予算を握っているのだからグリーン関連の予算は通らず、政策も実現できないのだ。

国際社会はすでに脱グリーンに再転換しつつあり、この流れが加速する可能性は高いだろう。

2024年　大統領選の行方

２０２２年中間選挙で辛くも上院多数をとった民主党だが、すでに爆弾を抱えている。それが２０２２年11月11日に起こった暗号資産交換取大手、ＦＴＸの破綻劇だ。

破綻の原因は、顧客資産が適切に分別管理されていないことで、顧客の資産を個人的な投資会社に流用していた杜撰な構造にある。流用先だった個人的な投資会社が大きな損失を出し、その投資会社の資産の多くがＦＴＸ発行のコインだったことから、資産が一気に消滅したのだ。

本来、顧客資産が分別管理されていれば、取引所がつぶれても顧客は損をすることなく資産を回収できた。しかし暗号資産取引業界全体で管理が甘く、規制当局による監視不全の状態が続いているのが現実だ。

日本に関しては、過去のさまざまなトラブルから規制が強化されており、分限管理がなされている。このためＦＴＸの日本法人であるＦＴＸジャパンについても資産が分限管理されていて、保全することができた。

しかしシステム機能が停止し、顧客資産の返還が速やかにできる状況ではないと判断した金融庁は、２０２２年12月９日、ＦＴＸジャパンに対する資金決済法と金融商品取引法に基づく業務停止命令と資産の国内保有命令を３カ月延長すると発表している。

リベラルメディアを中心に暗号資産取引の寵児ともてはやされてきたＦＴＸのＣＥＯ、バンクマン＝フリード氏は、米当局から詐欺など８つの罪状で起訴された。２０２２年12月12日、アメリカ政府の要請を受けて滞在先のバハマで逮捕されることになる。

バンクマン＝フリード氏は地球温暖化などリベラル団体、そして、いくつかのリベラルメディアのパトロンであり、巨額の献金を行ってきたことも明らかになった。

破綻後の２０２２年11月30日、バンクマン＝フリード氏はニューヨーク・タイムズの公開インタビューに応じ、詐欺行為を否定した。この報道内容に対してバンクマン＝フリード氏に有利な偏向として批判され、報じたニューヨーク・タイムズも「共謀関係である」と批判された。

また、ビル・クリントン元大統領を呼んだバハマの高額献金パーティで、暗号資産への規制をしないように求め、それをクリントンが承諾したというリークも出ている。

バンクマン＝フリード氏の両親を含めて一族は民主党との関係が深い。2022年中間選挙に絡んだバンクマン＝フリード氏の政治献金は、実に約4000万ドル（約55億8000万円）近くで、そのうち90％以上が民主党向けだった。民主党への献金は著名投資家のジョージ・ソロス氏に次ぐ2位の規模である。

民主党疑獄に発展する可能性が出てきたということだ。下院を共和党が支配したことで、この「FTX疑獄」の疑惑が議会でも大きな問題として取り上げられる可能性も生まれている。

どちらにしても2024年には大統領選挙があり、アメリカ市民のインフレに対する不満は中間選挙を経てもまだ大きい。前述したようにFRBは「利上げ」を減速させる流れだが、利上げによってバブル崩壊のリスクも拡大していて、スタグフレーションに陥る可能性も高い。

アメリカ国内経済が緩やかなリセッションに向かうと予測される中で、外交面では中国を中心にさまざまな問題が起こり、国際社会内での火種はさらに拡大する傾向だ。

この内憂外患にバイデン大統領は対応していかなければならない。

しかし議会は上院・民主党、下院・共和党の「ねじれ」が生じたことで、レームダック化することが確定的で、バイデン大統領の健康問題が支持率低下に拍車をかけることになるだろう。

第5章

悪夢のグリーン政策

ドイツがロシアにエネルギープレゼンスを渡した

バイデン政権が成立した2021年、欧州はアメリカ以上に脱化石燃料に動いていた。当初、うまくいっていたかに見えたが、それはコロナ禍とロックダウンによる経済の停滞で成立していたのに過ぎなかったのが真相だ。

経済活動が再開されたことで、欧州はアメリカ以上の急激なエネルギー不足に見舞われることになった。

化石燃料への投資を禁止し、新規油田開発などの資金を枯渇させる――この影響を強く受けるのは、西側の脱炭素政策を謳う国だけだ。その枠外のロシアは喜色満面で資源開発を進め、エネルギー市場での影響力の拡大を図っていたのである。

特にヨーロッパの化石燃料高騰の主犯として振る舞ったのが脱原発を政策に掲げ、再生可能エネルギーを主要エネルギー源としたドイツだ。

元々、ドイツは反原発の世論が強かった。2011年の東日本大震災での福島第一原発事故を受けて、当時首相だったアンゲラ・メルケル氏が、原発の停止を決める。

その結果、ドイツはエネルギーを他から調達する必要性が高まってしまう。電力に関してはフランスから調達し、火力発電などについてはロシアの天然ガスへの依存が高まっていったのである。

日本の環境推進派はドイツの「脱原発」を理想モデルのように喧伝するが、そもそも7割がフランスの原発による発電なのだ。自分のところの原発を外に移しただけというのがドイツの「脱原発」の正体である。

産業大国であるドイツにとって、こうした矛盾を議論するより必須なのは安価なエネルギー調達だった。ドイツ―ロシア間に天然ガスパイプライン「ノルドストリーム」が敷設されていたのも、安価なエネルギー供給が欲しかったためだ。

日本と欧州のエネルギー調達構造はまったく違う。

前述したように海に囲まれた日本の場合、石油も天然ガスもタンカーで運び、それをコンビナートなど貯蔵施設で保管し備蓄する、いわば「プロパンガスの構造」だ。それに対して、欧州はパイプラインへの依存が強く、「都市ガス構造」にあるといえる。

つまりヨーロッパでは元栓が閉まればガスが止まるのだ。ドイツの尽力のおかげで、その元栓をロシアが握ることになった。

エネルギープレゼンスを奪われた上に、第1章で解説したコロナ禍による物価高騰の構造で資源・エネルギー価格が暴騰していった。

ロシアが武力行使に踏み切る2つのカギ

このチャンスを逃さなかったのがロシアだ。ロシアが武力行使を実行に移す2つの要素は、原油価格の上昇と、アメリカの外交姿勢にある。というのは資源・エネルギー産出国のロシアは、原油価格上昇によって国力を増強するからだ。

そのことは歴史が実証している。1つ目の例が2008年の「南オセチア紛争」だ。中国など新興国の経済成長に伴うエネルギーの需給バランスの崩壊が発生。そこに金融緩和が重なって2007年11月、原油価格の指標であるWTIは99ドル／バレルを瞬間的に突破し、史上最高値を付けていた。

この時期、アメリカは別の問題で揺れていた。

アメリカは「イラクが大量破壊兵器を保有している」ことを理由に、2003年にジョージ・W・ブッシュ大統領がイラク戦争開始に踏み切る。ところが大量破壊兵器は発見されなかったばかりか、ねつ造であることが暴露された。イラク戦争の責任を追及され、2006年の中間選挙で共和党が大敗し、ブッシュ政権はレームダック化してしまっていたのだ。

原油高とアメリカの沈黙が合わさった結果、2008年、ロシアは21世紀初となるヨーロッパでの戦争、「南オセチア紛争」、別名ロシア・グルジア紛争（グルジアは現在のジョージア）を起こす。

2つ目が2014年の「クリミア侵攻」である。当事者は、現在のバイデン政権のひな形ともいえるオバマ政権だ。

2013年8月21日、シリア内戦で政府軍による化学兵器使用疑惑が持ち上がる。ところが同年9月10日、当時、大統領だったバラク・オバマ氏は演説でシリア問題に触れて、

「アメリカは世界の警察官ではない」

と高らかに断言してしまう。

このメッセージをチャンスと受け取った国の1つが中国で、南沙諸島へ進出した。もう1つの国がロシアだ。この時にも原油高と外交姿勢がある。

2013年はリーマン・ショックに対する金融緩和の継続によって、世界中にマネーが

溢れていた。一方でオバマ政権の軍事費カットによる軍縮の影響は中東にも及び、アラブ社会では2010年から「アラブの春」の革命が連鎖した。

2013年の中東は、前述したシリア内紛、イランの核開発問題、リビアなどの治安悪化が連鎖しカオスとなっていた。この金融緩和とエネルギー生産地である中東のリスク上昇で、2013年末に向けて石油価格が高騰のトレンドに入ったのだ。

こうして資源・エネルギー企業「ロシア」は莫大な富を得た。しかも何をしてもアメリカは介入しないと、大統領が自ら宣言までしてくれたのだ。

その結果、2014年にロシアはクリミアに侵攻したが、悲劇は繰り返されることとなった。

ドイツによってロシアはヨーロッパのエネルギープレゼンスを握ることになった。コロナ禍で資源・エネルギーは高騰し富を得たロシアが武力行使に踏み切る絶好の状況となる。

そのロシアを後押ししたのが、バイデン大統領本人だ。

2001年にアフガニスタンに部隊を派遣したアメリカが、完全撤退を行ったのは2021年8月30日のことだった。しかし反政府勢力タリバーンはガニ政権を打倒するべく、アフガニスタンの治安維持の支柱、米軍が消える日を待たず、電撃的に首都に向けて侵攻を開始。同年8月15日には首都カブールを制圧し、新政権樹立を宣言する。

この陥落を受けて翌日の同月16日、バイデン米大統領は演説で「米軍撤退の決断は正しかった」と強調。その上で、こう明言してしまったのだ。

「アフガン軍自身が戦う意思のない戦争で、米軍が戦うことはできない。アフガン軍が戦わないのに、あと何世代、何人の米国人の命が必要か。アーリントン墓地に墓石が何列並んでいるのか。過去の過ちは繰り返さない」

ウクライナは軍事同盟を持たない国だ。2008年の南オセチア紛争で、旧ソ連の構成国だったウクライナやグルジア、モルドバはロシアの脅威を察知。そこで、同年にEUへの加盟を訴えた。

ところがこの3国のEU加盟に反対したのが、当時のドイツのアンゲラ・メルケル大統領と、フランスのニコラ・サルコジ大統領である。

原油価格とバイデン大統領の不戦発言を受け取ったロシアは、孤立無援だったウクライナに軍事侵攻を行う。EU内のエネルギープレゼンスを握ったことで、NATOは抵抗しないという思惑があったことは疑いようがない。

一連の出来事は次ページの図「大統領の外交姿勢・原油価格・ロシアによる武力行使の

大統領の外交姿勢・原油価格・ロシアによる武力行使の関係

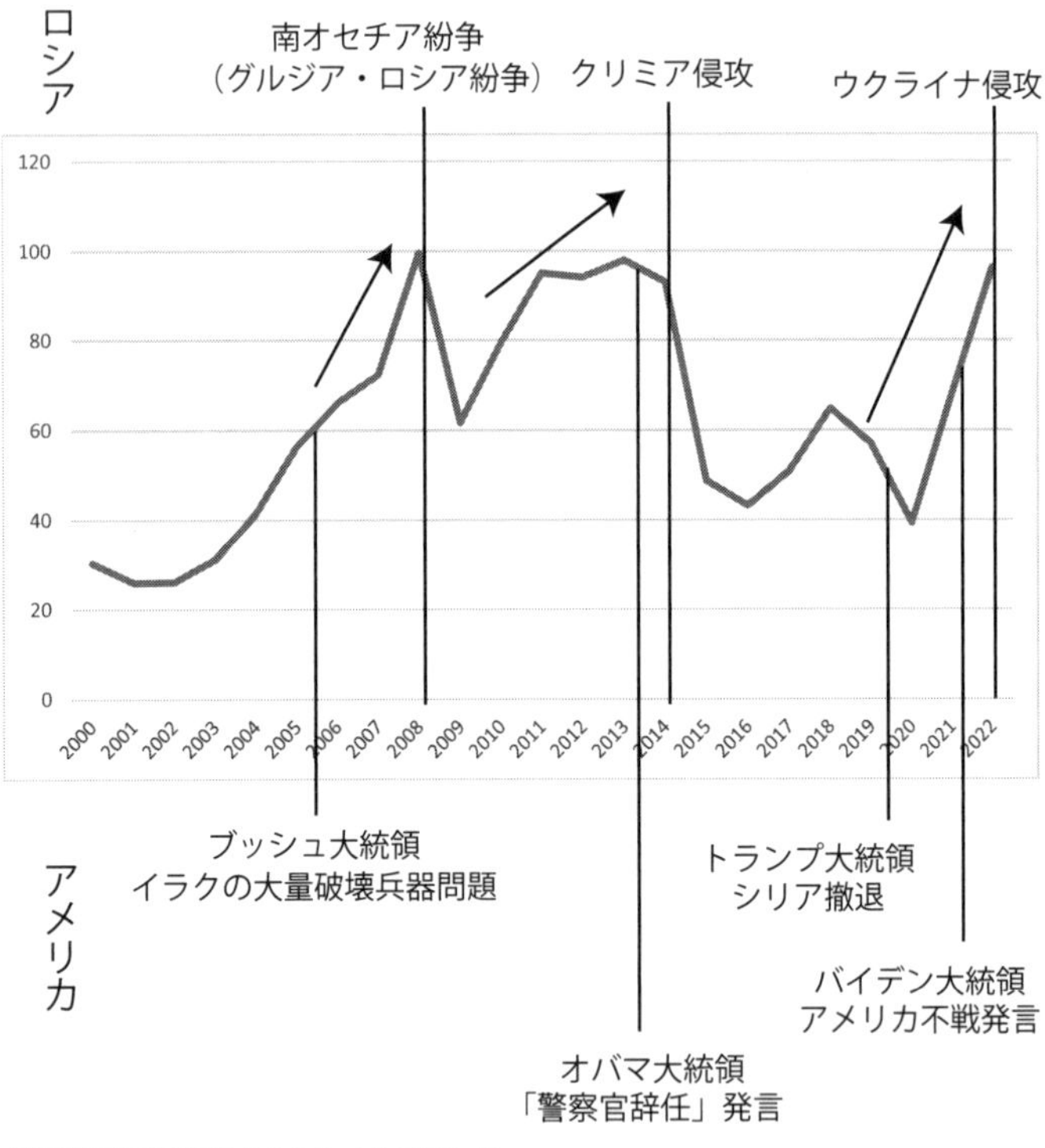

（世界銀行「WTI原油先物」データを元に作成）

関係」にまとめた。

グリーン政策で欧州の盟主から転落したドイツ

ヨーロッパではウクライナ戦争によってロシアからのガス供給が減少した。しかしエネルギー危機に襲われながらドイツは脱炭素政策を捨てきれない。そこでドイツは2022年6月、石炭火力発電の稼働を増やし、産業界にガス節約を促す新たな仕組みを導入することを発表した。

この石炭発電再開の動きはヨーロッパ全体で起こっていて、古い発電設備を再開させたり、ガスタービン発電設備を石炭が使えるようにする改造まで行っている。

前述したようにガソリン価格の高騰を受け、アメリカではバイデン大統領自ら石油メジャーなどに増産を依頼するなど、一気に政策の転換を始めた。

この欧米の動きを見ると、そもそも論としてCOP26（国連気候変動枠組条約第26回締約国会議）の議論は何だったのかという話である。

あたかも「地球全体を考える」ように見せている脱炭素政策は、ヨーロッパのエゴと偽善の側面から出発している。ヨーロッパが極端なグリーン政策に向かうきっかけになったのは、2015年9月18日に、EPA（アメリカの環境保護局）により、発覚したVW（フォルクスワーゲン）の排ガス検査不正だ。

当時、ヨーロッパ自動車業界はクリーンディーゼル技術で、世界の自動車市場に勝負を仕掛けていた。ところが環境技術で世界をリードしていると思われていたVWが規制逃れをしていたことが露見する。この詐欺行為は驚きを持って受け取られた。

ディーゼル不正がばれたことで欧州車の技術的有意性が消滅して以降、ヨーロッパは激しい化石燃料叩きを始めたのである。

ここまでの流れ自体がエゴと偽善と非合理性に満ちていて、結果的にロシアの安価なガスへの依存度を高めることになったのだ。

ドイツのエネルギー政策を脱原発、自然エネルギーへと転換させたのはメルケル氏の前の首相、ゲアハルト・シュレーダー氏だ。ロシア－ドイツ間を結ぶロシア産天然ガスパイプライン、「ノルドストリーム」の敷設はシュレーダー政権末期に決まった。

その後、首相を退任したシュレーダー氏は「ノルドストリーム」の運営会社の会長や、ロシアの国営ガス会社「ガスプロム」の取締役に収まる。つまりドイツのグリーン政策は、シュレーダー氏とプーチン大統領との蜜月関係が背景にあったということだ。

大きな矛盾を感じるのは同じ化石燃料でも石炭や石油がダメで、ロシア産も含めてガスはOKという点である。確かに環境負荷に違いがあることは事実だが、発電を含めた運用時に伴う環境負荷で比較するのが正しい科学的アプローチのはずだ。石炭、ガス、石油に限らず、放射性廃棄物を排出する原発も含めた正しい環境負荷で判断するべきではないか。

最先端の日本製高効率石炭発電タービン炉は古いガスタービン炉よりも環境負荷が少なく、低コストだ。世界中の古い化石燃料炉をこれに換えれば、日本全体が年間に出すCO2と同じ量を減らせるとされている。

この優れた発電インフラを世界に普及できる一大チャンスを潰したことについては、第6章で解説する。

石炭、ガス、石油——この3種類の化石エネルギーの最大のメリットは、保管も含めた運用のしやすさだ。また、石炭は世界中で産出されていて、その採掘も比較的容易である。

2022年の世界的なエネルギー危機は過度なグリーン政策による絶対量不足が原因だ。コロナでそれが抑制されていたものが一気に転換し表面化し、ロシアによるウクライナ戦争によってさらに一段上の次元に引き上げた流れだ。

このエネルギー危機の図式にハマった典型がドイツだが、原発政策の間違いが重大なエネルギー危機を呼び込んだ。

日本とドイツの違いであるが、ドイツの輸入ガスの6割近くが産業用で、家庭用ではない。これはドイツ企業の優位性を保つための政策であり、パイプラインからの安いロシア産ガスを直接企業が買い付け自家発電している。

対して日本の場合、自家発電設備を持つ企業は少ない。このため、再エネ賦課金により高い産業用電力を買うことになっている。

エネルギー構造により、このエネルギー危機が継続すればドイツの工場が止まるだろう。

太陽光パネルも、設置は1Kwあたり1万円前後でできるが、廃棄には約2万円かかる。廃棄に伴う環境破壊や環境負荷はその計算に入っていない。太陽光パネルを導入時の負荷だけで見るのは間違いで、最終処分までのコストを計算する必要があるといえよう。

すでにこの太陽光パネルの廃棄面まで含めたトータルコスト、運用面まで含めた環境負荷の問題はイギリスなどで大きな問題になっており、環境保護の観点からも見過ごせる話ではない。

前述したように原油価格は、ロシアの武力行使のカギである。原油価格が1バレル50ドルを割り込むとロシアは日本に北方領土返還を持ちかけ、戻ると返還交渉をナシにするのもその表れだ。

ウクライナ戦争は、ドイツを中心にしたヨーロッパとバイデン政権によるグリーン政策が起こしたと言う言い方は決して過言ではない。

米外交失敗の裏で甦るライオン

ウクライナ戦争開戦当初、日本では多くの識者、政治家が「外交解決」を叫んだ。だがロシアは原油価格によって、武力行使を決断する。

原油価格を下げるためには原油の供給量を増やすしかないのだが、西側にとってのキー国がサウジアラビアだ。サウジとアメリカの関係が冷えたままということはすでに書いた。

こうして整理していけば、「外交万能主義者」の主張は本末転倒ということにたどり着く。なぜならロシアの武力行使は外交の失敗によるもので、ロシアが何かを得なければ終わらない戦争が始まったからだ。

「外交の失敗を外交で取り戻す」ことはほぼ不可能だ。外交が機能するのはそのもっと手前である。

この国際社会のリアルに対して、最も現実的な対応を密かに実行している国が国章にライオンを抱くイギリスだ。

２０２２年12月12日、イギリスのＢＢＣはロシア語版サイトで、「異様なニュース」を報じた。

ロシア独立系メディア「メディアゾナ」と協力し墓地や記念碑などを調べて裏付け、ウクライナ侵攻によって死亡したロシア兵、約１万人の名前を特定。しかも死亡ロシア兵のうち、３９４人が２０２２年９月の部分的動員による招集兵だ。また死亡者のうち１５０９人の将校を特定。アメリカがウクライナに供与した高機動ロケット砲システム「ハイマース」などで指揮所への攻撃が可能になったことが背景にあると分析した。

物理的な面を考えても、一民間の報道機関が調べ上げられるとは思えない規模ではない情報だ。なぜイギリスの国営放送ＢＢＣがここまでの情報を持ったのか――その背景にあるとされているのがイギリスの特殊部隊、ＳＡＳ（スペシャル・エア・サービス）だ。

大航海時代にイギリスは世界中の海の要衝を植民地化し、金融と情報のネットワークを多層的に構築し、それを武器にしてアメリカの前の覇権国となった。

SASは第二次世界大戦末期に母体ができあがり、その後、イギリスの持つ情報ネットワークと密接につながりながら多くの戦果を上げていく。

イギリスは1960年代にIRAなどのテロ組織と「北アイルランド戦争」を繰り広げるが、この時、最前線で戦ったのがSASだ。1972年のミュンヘンオリンピック事件を契機に、ヨーロッパでは対テロ特殊部隊の創設が求められた。この時、欧州各国の対テロ部隊創設の教官となったのが、北アイルランド戦争を戦い抜いたSASである。

ウクライナ戦争においてもSASは関与しているが、イギリス正規兵が他国の戦争に直接関与することは国際法に抵触する行為だ。そこで、イギリス正規軍の3倍の兵力を持つイギリスの民間軍事会社、G4Sに元SASの隊員を所属させる形をとっているといわれている。

開戦前からイギリスは表側から見えない形でウクライナ軍をバックアップしていたのだ。開戦当初、ロシアはウクライナの首都・キーウ陥落を目指して電撃戦を展開した。この攻撃をはね除けたのも、2022年7月下旬からの反転攻勢の大きな要因もG4Sのサポートだったことは、日本の国防関係者にも伝わっている。

2020年2月1日にイギリスはEUを離脱。このブレグジットによって、プレゼンスを喪失するという見方もあった。だが、ヨーロッパ大陸とデカップリングしたことを逆手にとって、イギリスはウクライナ戦争で一気に国際プレゼンスを高めることに成功したのだ。

この件が日本に無関係ではないのは、イギリスが、中国の脅威にさらされている日本にとって強力な同盟国になる可能性が高いからだ。

後手後手のツケ

トランプ政権の良さは、今までの政策を転換する際にも、何らかの予告があって、関係セクション、業界との話し合いができたことではないか。ある程度の猶予期間を設定することで、トラブルを折り込みながら対処することができた。

対してバイデン政権の政策の多くが、かなり突発的である。それというのもバイデン氏が大統領に就任して以来、中長期的戦略がほとんどないからだ。そこで関係セクション、業界は、まるで夏休みの宿題を最終日にやるようなハメに陥っている。

ウクライナ戦争が典型だが、東側はバイデン政権のツケを処理しているような隙間を突いてアクションを起こす。必然的に世界全体の動きが加速するのだが、自ら招いた速度にバイデン政権自体がついていけない。

このことは外交に留まらない。FRBの利上げによるインフレ対応も、実施を匂わせたのが2021年9月ごろのことで、アナウンスしたのが2022年1月で、実施は3月だ。利上げは景気悪化を呼び支持率低下へとつながるが、それを恐れて先延ばしを繰り返したことで異次元のインフレを招いた。解決しようと石油業界に泣きついて、冷淡にあしらわれる——バイデン政権はこの繰り返しである。

バイデン政権がグリーン政策を転換させていれば、ウクライナ戦争も起こらなかった可能性は高い。

このバイデン政権の後手後手姿勢が原因で、ツケ払いをさせられるリスクが高いのが日本である。

前述したようにアメリカは、対中国包囲網としてインド太平洋戦略に注力している。その戦略で地政学上最重要ともいえる国が、インドだ。

その地政学的理由については『安倍晋三が目指した世界　日本人に託した未来』(徳間書店)で詳述したので最大限簡略化する。

ユーラシア大陸内陸部にプレゼンスを浸透させるためには、沿岸部にプレゼンスを浸透させなければならない。沿岸部で重要なのは「半島」など、海に突き出た陸地だ。

ユーラシア大陸沿岸部の中間地点にして、半島になっているのがインドだ。その前面にはインド洋が広がっている。

元々「インド太平洋戦略」は、故・安倍晋三元総理が第二次安倍政権発足時に発案した。それまで日米は、日本から東側の「アジア太平洋」を中心に戦略を構築していた。一方で中国は南シナ海から東・西・南に向けて、勢力圏の拡大を目指す。

戦略需要地点を「インド太平洋」に設定すれば、太平洋と大西洋をつなぐことができる（次ページ図「インド太平洋戦略の概略図」参照）。

そこでインドは重要なポジションになるのだ。ところが、インドのモディ首相とバイデン大統領の関係にいたっては、濃淡さえも見えてこない状況だ。

トランプ政権時代は、国務長官を務めていたマイク・ポンペオ氏をはじめとして共和党が全体でインドと親密な関係を構築しようとしていた。元々インドは伝統的に非同盟、全方位外交を志向している。それゆえ、現在のバイデン政権を信用しているとは言い難い関係になってしまっているのだ。

インド太平洋戦略の概略図

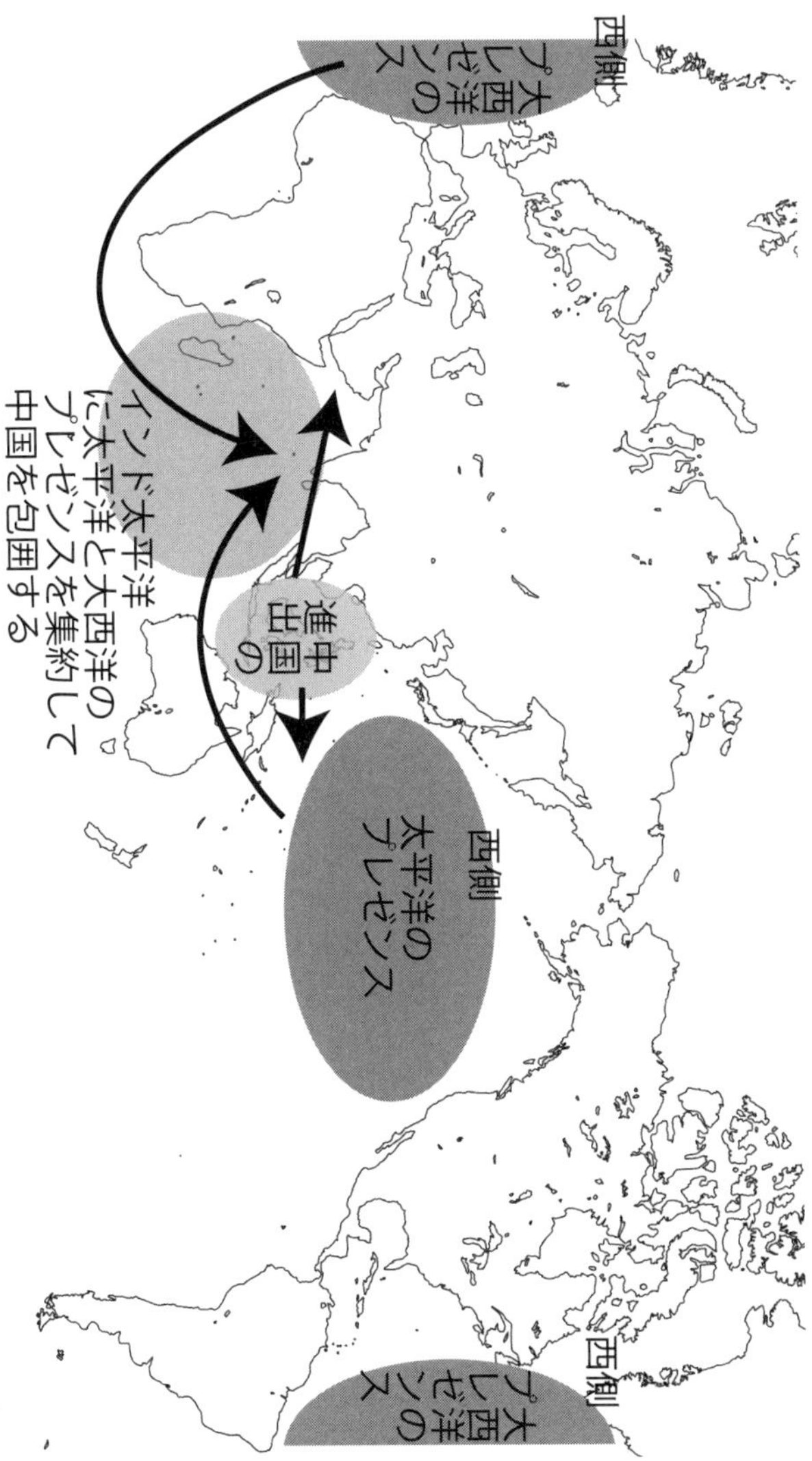

日英軍事同盟が結成

ヨーロッパ諸国でインド太平洋戦略に対して最も積極的な国がイギリスだ。大陸とデカップリングしたことで、かつての海洋国家時代の方法でプレゼンスを高める戦略が背景にある。

実際にイギリス海軍は2021年5月から12月まで、最新鋭空母「クイーン・エリザベス」を中心とした空母打撃群をインド太平洋方面に派遣。同年9月には横須賀基地に寄港した。イギリス海軍空母打撃群は、この7カ月間で日本、シンガポール、韓国、インドなど40カ国以上に寄港し、連携を強めている。

この空母打撃群派遣期間中の2021年9月15日、オーストラリア、イギリス、アメリカの間で軍事同盟AUKUSが結成される。

この下地になったのが、締結の約3カ月前の同年6月にイギリスで開催されたG7コーンウォール・サミットだった。サミット中に、当時の英国首相、ボリス・ジョンソン氏がオーストラリアのスコット・モリソン首相（当時）、とバイデン大統領の間に立って奔走し、

ＡＵＫＵＳにこぎ着けたのである。

このことで中国は南シナ海から南側に進出することが極めて困難な状況になった。

また２０２１年10月７日には日本政府とイギリス政府の間で円滑化協定締結に向けた初交渉をオンライン形式で実施。日英円滑化協定は、自衛隊とイギリス軍が互いの国に滞在した際の法的地位を定めるものだ。合同演習時の事故などの時の法的根拠になるということで、日英が合同演習開催を簡略化できる。

２０２３年１月12日、訪英した岸田総理は、イギリスのリシ・スナク首相と日英円滑化協定に署名した。

また日本とイギリスは２０１３年に「日英間の防衛装備品等の共同開発等に係る枠組み及び情報保護協定」に署名。日英で戦闘機に搭載する新型空対空ミサイルの共同研究を行い、２０１７年に完了している。

そして２０２１年12月22日、イギリスのロールス・ロイスが日本のＩＨＩ（石川島播磨重工業）と新型戦闘機エンジンを共同開発することを発表した。日本はＦ－２の後継機を、イギリスはユーロファイターの後継機を模索する中、日英で次期戦闘機を共同開発に向けて前進。２０２２年12月８日には、日英伊の３カ国が、次期戦闘機を共同開発することで合意した。

日英は準軍事同盟化したわけだが、中国の脅威が高まれば、ここから日英同盟へとステージアップする可能性は高い。

この対中戦略に向けた日英の急速な緊密化で、忘れてはいけないのがイギリスの国王、チャールズ3世の存在である。イギリスでは週に一度、国王と首相が話し合いを行うことになっている。国王が直接政治に口を出すことはないとされるが、過去の首相の回顧録などを読めば大きな影響を与えていることがわかるだろう。

チャールズ3世は非常に保守的で、習近平国家主席との晩餐会に欠席するなど中国に対する強い不満を持っているといわれている。

チベットは中国によって国ごと支配されてしまったが、チャールズ3世は、そのチベット亡命政府の長、ダライ・ラマ14世の最大の支持者の一人だ。

闇の3大メジャー

ロシアに対する、アメリカを起点とした西側の「制裁」は、やがて中国に「規制」という形で転用される。このことは「半導体」の例でも明らかだ。

前述したようにウクライナ戦争が終わらないということは対ロ制裁が、対象品目を拡大していくということでもある。

そうした制裁から逃れるためにロシアは中国と距離を近くし、取引先にしようとしているのだ。「植民地」を求める中国にとって食料や資源・エネルギーの供給先は喉から手が出るほど欲しい。

だが、現実は中ロの蜜月とWin－Winにならない可能性が高い。

2020年の統計データによればロシアは穀物（世界4位）、小麦（世界3位）、大麦（世界1位）、蕎麦（世界1位）、大豆（世界8位）、砂糖の原料であるテンサイ（世界1位）の産地で、世界的な農作物の輸出国であることは事実だ。

例えば小麦は8月に収穫され、種を植えて1年かけて育てられる。ところが8月に収穫が終わると、国内で必要とされる量を除いて輸出に回されてしまうからだ。

しかも小麦は加工をしなければ食べることができない。ロシアに国内の需要分の小麦があると思われていたのだが、実は加工食品が入ってこなくなってしまったのだ。例えばパスタやクッキーなど、小麦を使用した加工食品をロシアは輸入に頼っていたのである。

輸入が完全に止まってしまったことでロシア国内の食料調達がままならない状況になっているのだ。

しかもロシアの食糧不足は、「新たな作付けをすれば回復する」という単純な話ではない。ソ連時代に比べてロシアの食料生産量が急上昇した大きな要因は、西側の農業生産技術と「種」にある。種の供給元はADM（アーチャー・ダニエルズ・ミッドランド・米国）、ブンゲ（米国）、カーギル（米国）、ルイ・ドレフュス（米国）、グレンコア（スイス）の5大穀物メジャーだ。

メジャーから供給される種のほとんどが「F1種」である。これは異なる種類をかけあわせて作った雑種の第一世代だ。

植物において両親より優れた形質が第一世代目に発現する現象は「雑種強勢」と呼ばれる。この「雑種強勢」は第二世代目以降では発現しない。すなわちF1種は植えて収穫することしかできないということだ。品種改良した種が、第三国で勝手に栽培されないメリットがあることからF1種は販売する種のメインになっている。

つまりロシアでは収穫を終えると、西側の優良種で作付けできないことになる。経済制裁が持続する限り、農業生産量は極端に減少するということだ。

すでにアメリカ商務省は2021年10月5日に、バイオ関連の一定のソフトウエアを「新興技術」として、EAR（米国輸出管理規則）の規制品目リストに加える最終規則を公示している。

食料の源である「種」もバイオに含まれることから、自国で「種」を生産することは難しい。

また2022年3月3日、アメリカは油田・ガス田関連機器・材料等の禁輸を決定。アメリカの石油・天然ガスサービスのベーカー・ヒューズ、SLB（旧シュルンベルジェ）、ハリバートンの大手3社がロシア事業への新規投資の停止を発表。同時に補修用パーツなどを提供しないとした。

2023年現在の石油の6大メジャーは、

・エクソンモービル
・シェル
・BP
・シェブロン
・トタルエナジーズ

・コノコフィリップス

である。この6大メジャーが石油の探鉱、採掘、生産、輸送、精製、販売までの全段階を垂直統合で行い、シェアの大部分を寡占している構造だ。ところが、ベーカー・ヒューズ、SLB、ハリバートンは採掘・生産、天然ガスの液化、発電所へのパイプライン輸送等、メジャーの業務外の部分で石油に関わり、石油販売になくてはならない企業だ。

この3社はオモテの6大メジャーに対して「闇の3大メジャー」と呼ばれている。3社でロシアの産油サービスの6割程度を提供していて、ロシアの産油施設の老朽化に対する設備の更新などを請け負っていた。

また、シェールや新規のパイプラインなどは3社のサービスなしでは成立しない。このため、3社のロシア撤退によって、ロシアの産油、産ガス産業は順次機能停止に追い込まれるものと考えられている。

この流れから、一時的にガスや石油の供給が世界的に不足するエネルギー危機が発生し始めている。アメリカはほどなくシェール開発の再開を決め、欧州でもシェールの開発が進む流れが合理的な解決策だ。環境政策は時間とともに後退し、従来のバランスに戻っていくと考えられる。

脱化石化という現在のエネルギー危機は、「意識ばかりが高く無能」による現実を見ない夢想によってもたらされた側面が強く、「エネルギー危機」という現実の前に否定されてゆくことになるだろう。

そうした「高意識無能層」は、「健康のためなら死んでもよい」、「地球環境のためなら人類はいらない」といった大言を壮語するが、それは他人事だから言えることに過ぎない。

「危機」が自らの身に降りかかった場合、そんなことを言っていれられるはずがないのだ。

エネルギーや食料といった人間の生命に直結する技術や生産、運用はすべて西側が持っている。東西デカップリングの勝敗はすでに決しているのにもかかわらず、中国が挑戦をやめる可能性は低い。

そこに日本の活路がある。次章ではそのことを解説していこう。

第6章

日本浮上のためにすべきこと

日本が豊かだった時代に中国はいなかった

人類は2つの世界大戦を経験したが、そのいずれもアメリカの政党は民主党だ。その混乱を次代の共和党が収めてきた。

ここまでの解説を読めば、民主党のオバマ政権が中国の台頭を許し、それをトランプ政権がどうにか抑止しようとしたことがわかる。ところが再び民主党、バイデン政権に移行し、グリーン政策の推進からロシアによるウクライナ侵攻が起きたことで東西デカップリングが加速。

戦争前夜の状況になっている。

すなわち、2023年1月現在の世界は、アメリカ民主党が原因を作って戦争が起き、それを共和党が力で後片付けするという、いつものパターンに、どっぷりハマりつつあるということだ。

そのプロセスで新COCOM体制が形成され、中国が西側の作った社会システムから切り離されてようとしている。日本では14億人の市場や生産力から、日本経済にとって中国絶対必要説を盲目的に信じる人が多い。だがそれは本当に正しいのだろうか。

２０２３年現在の日本経済には「失われた30年」、「デフレに苦しんだ30年」という国内評価が付きまとう。実は、こう評価される最大の理由は日本自身が「中国」を選んだことが極めて大きい要因だ。

ＧＤＰ（国内総生産）は、政府と民間と純輸出の合算である。したがってＧＤＰには日本企業が海外で生産した数字は含まれない。

つまり、日本企業の海外生産は、海外の国のＧＤＰを引き上げる。さらに海外製品と日本製品の競争が起きることで、日本国内で作られる商品の価格を下落させるしかなかった。消費者の多くは同じメーカーのものであれば原産地を気にしないからだ。

この消費マインドと構造転換がデフレを悪化させ、リストラと賃金カットの大きな要因になった。そのことで日本国内で売られる製品は中国産日本メーカーから、中国メーカーの模倣品などに置き換わっていったである。

冷蔵庫、洗濯機、テレビなどの家電製品などがその典型といえるだろう。

この負のスパイラルの背景には、日本新党と民主党政権時代の二度にわたる過度の円高、東日本大震災の電力不足による国外生産拠点移転の動きもある。日本でモノを生産する基盤が瓦解したからだ。

これが最大の国内景気悪化とデフレの大きな要因だったのである。

日本の景気悪化、デフレの最初の原点は、1989年から始まる冷戦終結と中国の改革開放にあった。中国は将来的な民主化、自由化を進めるとして、西側マーケットに参入。西側各国はそれを信じて中国に投資し、中国を発展させていったのだ。

力をつけた中国はそれを反故にしたばかりか、習近平第3期体制で国際システムからの分断という鎖国化と、独裁化という先祖返りに向かっていることは本書で解説した。

また中国政府は中国国外への資本持ちだし規制がある。そのため日本企業は、中国での収益を中国国内に再投資するしかない状態だった。しかも独自技術はどんどん盗まれていく。

中国市場の現実は、中国政府に一方的に吸い取られる搾取だったということだ。

ところが中国の先祖返りは、アメリカを中心とした西側諸国を刺激し、大きな対立を生む。その結果が、今の対中規制の動きで、ウクライナ戦争によりこれが一段と深化したのである。

フィンランドやラトビアなどロシア周辺国との陸路での移動に制限がかかったことで、

すでに東西の壁は降りたのだ。

日本が最も豊かだったのは1980年代後半だった。その時代、日本国内に中国製品など、ほぼなかった。

中国が西側のシステムから分離されるということは、再び中国製品不在の時代がやってくることを意味する。日本には少子高齢化などの問題はあるが、高収益を得られる社会構造の再構築と、サプライチェーンの再構築するチャンスであることを忘れてはならない。

中国神話にしがみつくより、まず、このデカップリングの時代を勝ち抜くことを考えるべきだ。簡単な話だが、GDPは国内総生産なのだから、日本国内に生産を戻せばよい。その構造転換の過程で、日本には痛みや苦しみ、リスクがある。だがこれらは「出口」がない苦痛ではなく、「未来」があるチャンスだ。

日本経済浮上のチャンスの一端はウクライナ戦争が示している。

情報と通信から中国を排除

2022年2月24日、ウクライナの国境線を越えたロシア軍は一気に首都、キーウを陥落させ、ゼレンスキー大統領を斬首するべく猛烈な速度で進軍した。ところがこの電撃戦は失敗に終わり、結果的に終わる気配すらない戦況になっている。

２０２０年の世界ＧＤＰランキングでロシアが11位に対してウクライナは55位。アメリカの軍事力評価機関「グローバル・ファイヤパワー」の２０２１年レポートによれば、ロシアの軍事力は世界第２位に対して、ウクライナは25位だ。

この圧倒的な国力と戦力の差を跳ね返し膠着まで持っていった最大の理由は、初動でロシア軍が軍用デジタル通信網の構築に失敗したことにある。その結果、ロシア軍は携帯電話で通信をせざるを得なくなった。民生用チャンネルでの通信は傍受、盗聴され、ウクライナ側はロシア軍高官の居場所を知ることになる。

育成までに長時間を必要とし、部隊を統率する頭脳という意味で、戦場で司令官は最もコストパフォーマンスの高いターゲットだ。結果、ロシア軍は指揮命令系統が破壊され、短期戦に失敗したのである。

前述したＢＢＣ報道によれば１５０９人の将校が戦死した。将校はすぐには育たないのだから、大規模な反転攻勢も望めない。２０２２年末にかけてロシアはウクライナにミサイル攻撃を行っているが、陸戦で攻めることができないほど疲弊しているという観測が海外報道で伝えられている。

ロシア軍の軍用通信網構築失敗とは逆にウクライナ側は、スペースXのCEO、イーロン・マスク氏の決断によって、同社の提供するスターリンクシステムによる高速な衛星通信を得ることができた。そのことで、ドローンなどを利用した戦術展開を行うことができたのである。

ウクライナ戦争が示したのは、現代戦において、情報と通信が勝敗を決める時代が到来したということだ。

この情報と通信の価値を知悉していたからこそ、アメリカは中国のファーウェイに対する規制を強め、中国による5G網の構築に反対しているのである。

現在の5Gはシステム面でファーウェイ、ノキア、エリクソンの三陣営がしのぎを削り、クアルコム、サムスン、メディアテックなどが通信チップを作っている。

ところがファーウェイはシステム、基地局、ネットワーク、端末など5Gのすべてを自社で賄えるため、コストも安く、システムごと販売できる特徴があった。そこで中国はファーウェイを売り込むことで、中華情報圏を拡大していったのである。

中国がバックドアや破壊のためのシステムなどを組み込み通信破壊を行えば、戦争を有利に戦える構図が出来上がりつつあったということだ。

中国は独裁主義国の特性を生かして、政府がファーウェイを直接コントロールし、官民軍一体の構造を作ることで国際マーケットで優位性を担保した。

対して自由主義陣営の西側では各企業が競争する。基地局においてはインテルとノキア、NECとサムスン、富士通とエリクソン、ネットワークは各携帯電話会社、端末は各メーカーとバラバラな状態だった。こうなるとコスト的に割高になり競争力を保てないばかりか、規格の面でも相性の問題が発生する。

そこでファーウェイに対抗するために、横の壁をなくすオープン化を実施。それぞれが技術や情報を共有できるように構造を変えていったのである。

5Gにおいてファーウェイが優位性を得ることができた、もう1つの大きな理由が「自社に有利な国際規格」を作ったことだ。その「規格」を決定する国際電気通信連合（ITU）のトップである事務総局長を8年間にわたり中国人が担っていたことが背景にある（次ページ図「国際電気通信連合（ITU）の概要」参照）。

2022年9月26日から10月14日、ルーマニアのブカレストで開催された第22回ITU全権委員会議では次期事務総局長、次期事務総局次長、次期電気通信標準化局長選挙が行

国際電気通信連合(ITU)の概要

■電気通信に関する国際連合の専門機関(ITU : International Telecommunication Union) 1865年設立
■主要任務は、①国際的な周波数の分配、②電気通信の標準化、③途上国に対する電気通信の開発支援
■本部:スイス・ジュネーブ 193の国・地域が加盟
■日本は1959年以来、理事国(48カ国)に選出
■日本は米国と並び最大の分担金拠出国(30単位(約11億円))
■1999年～2006年の事務総局長は、旧郵政省出身の内海善雄氏

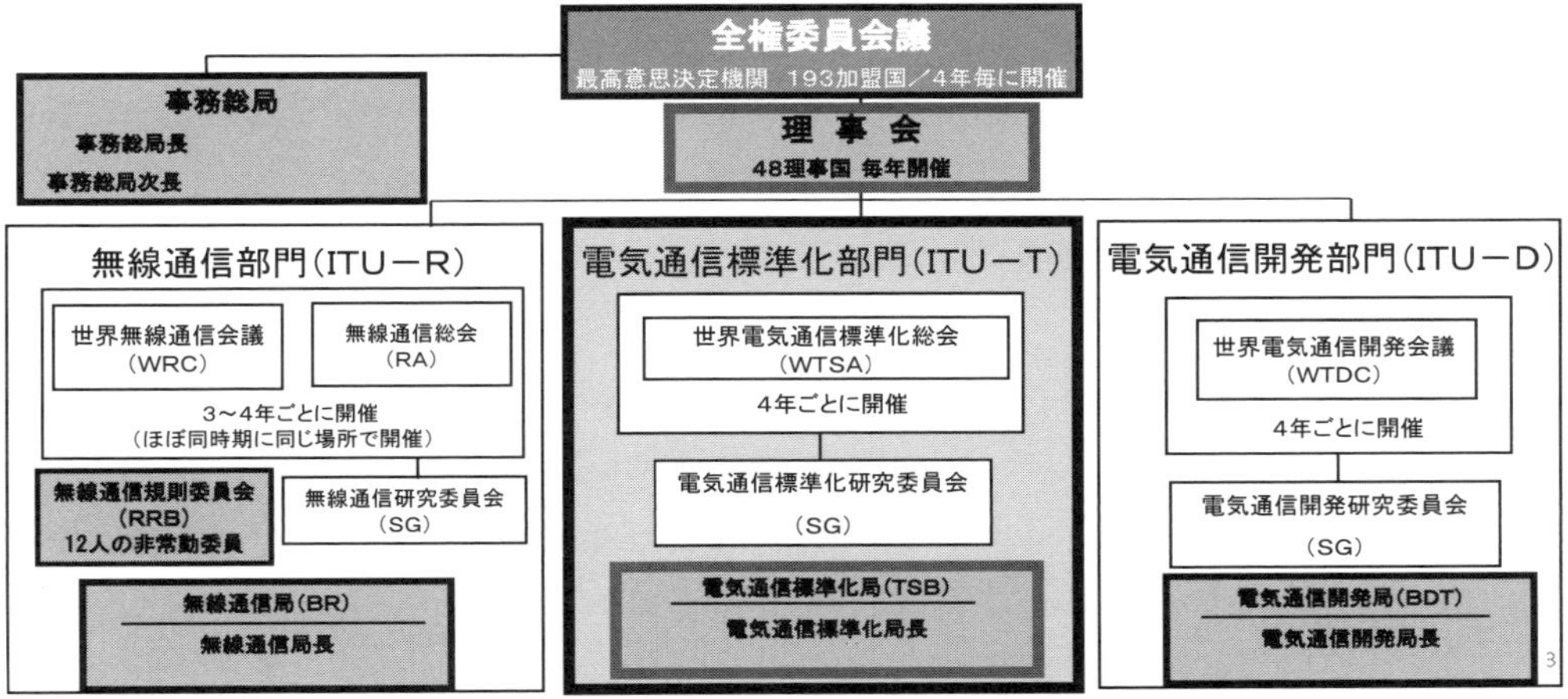

(総務省 情報通信審議会 情報通信技術分科会(第158回)配付資料 資料158－4を基に部分修正)

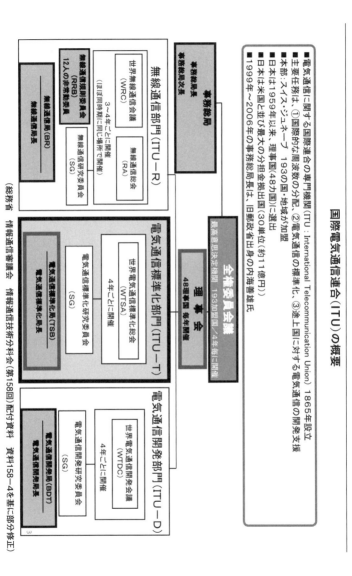

われた。激しい戦いの結果、

・事務総局長　ドリーン・ボグダン＝マーティン氏（アメリカ）

・事務総局次長　トーマス・ラマナウスカス氏（リトアニア）

が選出された。リトアニアはＮＡＴＯ加盟国ということで「西側」だ。さらに、通信規格を決める電気通信標準化局長には、日本人で「ＬＴＥの父」と呼ばれる尾上誠蔵氏が選ばれている。

これにより、中国が進めようとしていた通信規格であるネクストＩＰや６Ｇの規格化過程での中国メーカーの優位性はなくなったのである。

現在の世界の通信は５Ｇが実用化されたばかりだ。この５Ｇになる前に４・５Ｇという５Ｇに転用できる規格がブリッジとして普及していたのである。６Ｇに向けてはブリッジ５・５Ｇが開発されるのだが、その予定は２０２５年だ。

５・５Ｇは６Ｇ転用可能な技術ということで、このスケジュールから逆算すると６Ｇの規格作りが２０２３年から始まっていくだろう。５・５Ｇ実用化以降は中国排除の動きが本格化していく可能性が高い。

6G実現のキーパーツ「光半導体」

通信・情報技術が発展、普及した結果、ネット上を流れる情報量は幾何級数的に増えている。それに伴って問題になっているのが処理能力と電力だ。データセンターから、個人使用の端末に至るまで、現在の技術では処理能力に限界がみえてきて、電力消費量は「上昇する」という方向性しかない。

そこで次世代の情報通信技術は「電気」から「光」への転換を行おうとしているのである。6Gのキーパーツの1つが「光半導体」だ。

光半導体は正式には「光電融合デバイス」と呼ばれる。従来の半導体は半導体上に微細な銅線を配置し、そこに電子を通すことで情報を処理していた。対して光半導体は銅線の代わりにシリコンを使って、光の道「光導波路」に光を通して情報処理を行うのだ。しかも既存の半導体製造ラインを使って製造することができるのである。

電子より高速な「光」を使うことで超低消費電力、超高速処理が可能になる。

実はこの次世代半導体「光半導体技術」の開発で世界トップを独走しているのが、通信ガリバーである日本のＮＴＴだ。

しかも、この産業革命ともいえる「光半導体」でさえ情報・通信全体を「電子から光へ」偏向するプロジェクトの一角に過ぎない。

２０１９年5月、ＮＴＴは従来のＩＣＴ（情報通信技術）インフラ基盤を電子から光にシフトする「ＩＯＷＮ《アイオン》構想」を発表。「ＩＯＷＮ」は「Innovative Optical and Wireless Network（革新的光・無線ネットワーク）」の略で、情報通信の発信、伝達、処理までの全体を「光」で構築する意欲的なプロジェクトである。

６Ｇの目標が２０３０年ということで、２０２７年～28年くらいには６Ｇの規格が決まらなければならない。そのロードマップに合わせて、電子から光への開発を加速化させているのである。

２０２１年10月に台湾のＴＳＭＣは、日本の熊本に工場を作ることを決定。２０２２年春には着工した。現在の世界の半導体技術、生産でトップを走るＴＳＭＣの日本進出は、次世代光半導体計画を見据えたものだ。

ＩＯＷＮにアメリカからもインテルなど主要なメーカーが主導する立場で参加することで、前述した半導体同盟Ｃｈｉｐ４の根底になる計画の１つとなっている。そのことは２

24ページの図、「IOWNグローバルフォーラム参画企業一覧」にも表れている。

なぜ最先端を走っている日本が、オールジャパン体制ではなく国際連携をする必要があるのかという点に疑問を抱く人も多いだろう。元々日本は半導体を「産業のコメ」として官民一体となって開発、製造していた。1989年には、「日の丸半導体」は世界のシェア53%を握っていたのである。

ところが日米半導体交渉で一転。海外に提供した技術によって台湾に開発、生産面で超えられるほど凋落した。海外企業を開発に参入させれば、日本が開発して海外が儲けるという悪夢を見るのではないかという懸念を抱くのは当然だ。

しかし、ソフトウエアや国際マーケットを視野に入れると、アメリカには太刀打ちできない。また、半導体製造のノウハウなどは台湾TSMCにかなわないのが現実だ。

したがって重要なのは機微技術の流出防止を含めた経済安全保障の構築である。その仕組み作りはすでに始まっているのだ。

すでに日本とアメリカは2022年1月に開催された日米首脳会談で「日米経済政策協議委員会」、いわゆる「日米経済版2＋2」の立ち上げに合意。同年5月23日の日米首脳会談の共同声明にも、「両首脳は、経済安全保障を強化するためのさらなる協力を追求してい

IOWNグローバルフォーラム参画企業一覧

Founding Members

インテル	日本電信電話	ソニー

Sponsor Members

アクセンチュア	中華電信	シエナ	シスコ
デル	デルタ	エリクソン	富士通
古河電気工業	ヒューレット・パッカード エンタープライズ	キオクシア	マイクロソフト
三菱電機	みずほフィナンシャルグループ	三菱UFJ銀行	日本電気
情報通信研究機構	ノキア	オラクル	オレンジ
プライスウォーターハウスクーパース	レッドハット	サムスン	住友電気工業
トヨタ	ヴイエムウェア	緯創資通	

General Members

アドバンテスト	エイジーシー	アイオーコア	アイシン
味の素	アンリツ	ブロードコム	デロイト トーマツ
電通	ディーアイシー	エクシオ	フジクラ
白山	日立	本多通信工業	アイペックス
イビデン	インフィネラ	アイピー インフュージョン	伊藤忠テクノソリューションズ
日揮ホールディングス	ジュニパーネットワークス	JX金属	キーサイト・テクノロジー
ミライト・ホールディングス	ミライズ テクノロジーズ	三菱ケミカルホールディングス	三菱商事
三菱マテリアル	村田製作所	ネットワンシステムズ	ネットアップ
日産化学	エヌビディア	沖電気工業	オリンパス
ピアズ	プリファードネットワークス	ルネサスエレクトロニクス	サンテック
エスシーエスケイ	センコーアドバンス	信越化学工業	シンコー
スカパーJSAT	住友ベークライト	住友商事九州	シノプシス
テレフォニカ	凸版印刷	東芝	東洋インキSCホールディングス
ユニアデックス	矢崎総業		

Academic and Research Members

電力中央研究所	CNIT	工業技術研究院	慶應義塾
国立情報学研究所	防災科研	技術研究組合光電子融合基盤技術研究所	光電科技工業協進會
産業技術総合研究所	東北大学		

（NTTより2022年4月時点）

くことで一致」が盛り込まれた
同年8月1日には、日本側が林芳正外相と萩生田光一経済産業相、アメリカ側がアントニー・ブリンケン国務長官とジーナ・レモンド商務長官が参加した経済版2＋2の初会合を行う。この経済版2＋2を進めていく上では閣僚、官僚級の話し合いが恒常的に行われることになる。その原動力となるのが、高市早苗 経済安全保障担当大臣だ。
経済版2＋2を通じた日米のルール作りと、IOWN構想がうまく組み合わさった時、次世代情報通信技術で日本が世界を主導できようになるだろう。

世界の工場 中国には「作らせない」

半導体問題でアメリカが出した答えは、「中国に作らせなければよい」という単純なものだ。だからこそ最新鋭の半導体の製造装置だけでなく、現行の主力世代の製造装置や半導体の開発環境を「規制」した。

実は、こと「半導体」において、「作らせない」ことはすぐにできる。

前ページ図「IOWNグローバルフォーラム参画企業一覧」内に「味の素」が入ってい

ることに違和感を覚えた人もいるのではないか。日本の味の素が作るＡＢＦフィルム（絶縁フィルム）の、高性能半導体におけるシェアはほぼ１００％で、半導体の積層製造に不可欠な素材である。

このようなキーパーツを禁輸としてしまえば、半導体そのものを作れなくなるのだ。ところが中国にも切り札がある。例えばフッ化水素の原料である蛍石は6割以上が中国原産だ。また、レアアースなども中国産のシェア率が高い。これは、中国産が安価であることが理由で、中国以外でとれないわけではない。

そこでアメリカはサプライチェーンの再構築に向けて、同盟国・同志国との連携を深めているのである（次ページ上図「近年のアメリカ主催のサプライチェーン関連多国間会議」参照）。

その軸となるのが「インド太平洋」だ。

同年10月には、バイデン政権で初となる「国家安全保障戦略」を発表。中国を「国際秩序を変える意図と能力を高めている唯一の競争相手」と位置付け、「効果的に競争する」とした。

またＣｈｉｐｓプラス法による、アメリカ国内への重要技術及び新興技術のサプライチ

近年のアメリカ主催のサプライチェーン関連多国間会議

2021年10月	サプライチェーン首脳会議	15カ国・地域
2022年6月	鉱物安全保障パートナーシップ閣僚級会議	12カ国
2022年7月	サプライチェーン閣僚会合	18カ国・地域が参加
2022年9月	IPEF（インド太平洋経済枠組み）閣僚会合	14カ国
2022年9月	Chip4予備会議	日米韓台

アメリカ主催の
サプライチェーン関連多国間会議に参加した国・地域

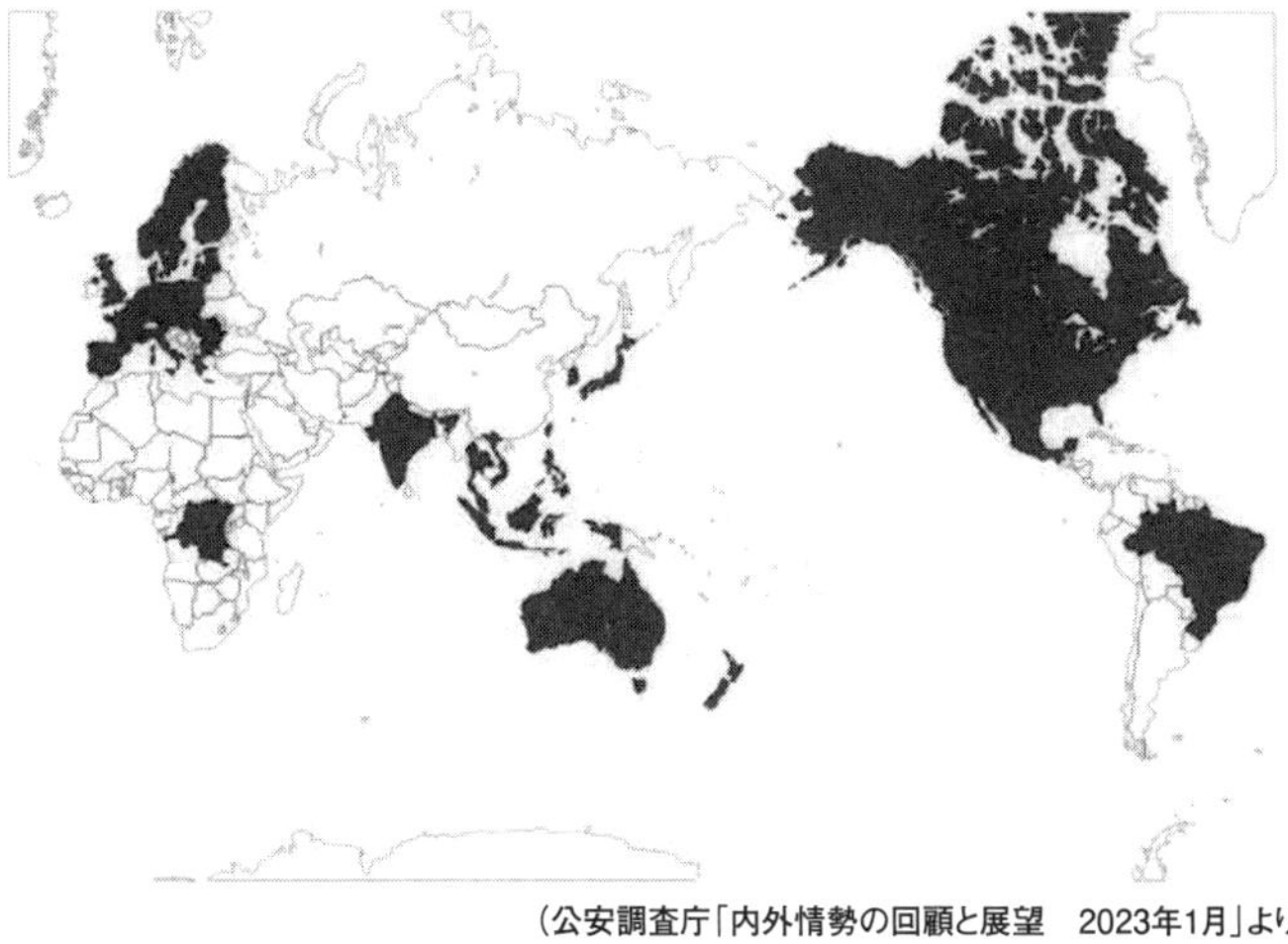

（公安調査庁「内外情勢の回顧と展望　2023年1月」より）

エーンへの戦略的投資を実施。インド太平洋及び欧州の同盟国・同志国との間での技術、貿易、安全保障での連携を深めることを重視し、アメリカのリーダーシップを継続することなどの方針を打ち出した。

２０１ページ図「インド太平洋戦略の概略図」と前ページの下図「アメリカ主催のサプライチェーン関連多国間会議に参加した国・地域」を比べると、「中国に作らせない」多国間連携構造が「インド太平洋」を軸にできあがりつつあることがわかるだろう。

日本でしか作れないモノは他にも多くある。汎用性が高いモノでいえば、特殊ねじや精密ねじだ。こうした高精度の部材はほとんどが日本製で、なければスマホも組み立てられない。

２０２３年1月現在、日本政府は経済安全保障の一環として、オンリージャパンの保護に向けて、メーカーや産品のリスト作りを進めている。すでに対象となる分野は公表済みだが、今後、高い確率で保護と規制対象としての指定が行われていく流れだ。

国内経済は出口のないパズルの状況に

西側の相手国である中国だが、経済的な反転攻勢はあるのかを考えてみよう。第3章で解説したように、中国経済の急減速は現実味を帯びている。

計画経済から脱却していない中国だが、金融システムは金融ビックバン後のアメリカが協力して作ったことで、計画経済とはかけ離れたシステムだ。

不動産への「融資平台」などの融資システムはサブプライム問題の原因となったSIV（投資ビークル）そのもので、金融システムは良くも悪くも最先端であるといえる。

また、私募債やファンドなど、金融商品も多数販売されており、預貯金よりも活発な取引が行われてきた。

この背景には、公的な年金システムなどの不全がある。そこに右肩上がりの経済成長と不動産価格の上昇が加わった。預金金利よりも高い経済成長、高い不動産価格の上昇がこれらの金融商品を支えてきたわけだ。

しかし2023年1月現在はそれがマイナスとなり、破綻と取り付け騒ぎの元凶となっている。

これらを利用してきたのは中央政府と地方政府であり、投資者は中国の人民という構図だ。銀行の簿外で行われてきた私募債には「高い金利が約束され、それは政府保証がある」

と誤認されてきた。

この構図は、リーマン・ショックの際の不動産担保証券（MBS）と同じである。政府保証がないことが明示されたことで、MBSの価格は暴落し、それを保有していた銀行や保険会社、そして、ファンドや消費者の破綻が相次いだのがリーマン・ショックの流れだ。

中国の金融環境はその過渡期にある。地方銀行などが破綻を続け、不動産業者もゾンビ状態にあるだけで実質破綻しているのが現実だ。

それがわかっているから中国政府は不動産業者などへの貸し付けを拡大するように銀行に求めている。しかし銀行側も、不動産業者への新規貸し付けが不良債権になることがわかっているので、融資に慎重だ。むしろ逆に健全性維持のために貸し渋り貸しはがしを続けている状態になっている。

また、不動産以外の融資も同様で、中国政府のさまざまな規制等により、民間企業への融資はリスクの高いものになっているのだ。この状況では金融の流動性が保てない。

この状況は「クレジットクランチ」と呼ばれるが、効果的な金融政策はヘリコプターマネー、すなわち大規模な量的緩和ということになる。

しかし、資産価格はバブル状態のままであり、額面上の資金は飽和状態にある。不動産価格の統制などにより価格は高いままで、売るに売れないという市場を無視した状態にあるのだ。

このため量的緩和はインフレを招くだけの結果になる。

これを自由市場に当てはめれば、不動産価格の大暴落とそれに伴う銀行不安に発展する。しかし、中国では政府が統制しているため、破綻しない代わりに資金循環が止まっているわけだ。

その結果、経済の血流が止まったことで、末端の弱い部分から壊死しているのである。市場経済と計画経済、この両方の良い点だけを利用してきた中国であるが、双方の負の側面が一気に噴出している状態だ。

どちらにしても人民元安の要因であるが、これを価格統制で維持している中国だが、この維持をいつまでできるのかが大きな問題になってきている。管理変動相場制は、充分な外貨の保有が前提だ。外貨準備が枯渇すればそれを維持できない。中国の外貨準備は貿易黒字で裏付けられており、資本収支が黒字であることが前提にある。

一帯一路などの融資に関しても、破綻すればその価値は激減する。正解のないパズル状態にあるのだ。

逆神化する習近平

このような状況にあって海外から投資マネーを呼び込みたいとこだが、「ヒト・モノ・カネ」の断絶を促す状況が、中国国内の新型コロナウイルス感染爆発である。

これまで習近平政権は「ゼロコロナ政策」をとってきた。ところが習近平3期目確定直後から、人民の間でゼロコロナ政策への不満が爆発。2022年11月下旬から大規模な抗議活動が中国全土で頻発することになる。

そこで中国政府はゼロコロナから政策を転換した。

その結果が感染爆発だ。中国国内の12月の感染者数は推定で2億5000万人と報じられている。中国政府は死者数を公表していないので感染実態は不明だ。また、ゲノム解析を禁止したとの報道もあり、コロナが大きく変異している可能性も指摘されている。

この状況のまっただ中の2023年1月8日、中国政府は海外旅行を解禁した。これまで海外からの渡航者に対して義務付けていた最大21日間の隔離義務を撤廃したのだ。2020年のコロナ禍は、春節によって中国人が世界に放たれたことで始まった。武漢発の厄災を繰り返そうというのである。

日本は、3回のワクチン接種または72時間以内のPCR陰性証明を入国条件としている。中国を経由した旅行者については、全員の抗原検査と陽性者のゲノム解析、7日間の隔離を義務化した。

この中国人に対する水際対策の強化はアメリカやヨーロッパ各国でも行われている。とはいえ中国が渡航禁止をしない限り、第三国経由でウイルスは拡散されて入ってくる。ウイルスの歴史を考えれば弱毒化したウイルスが強毒化する可能性は極めて低い。ただし他国の医療をひっ迫させる可能性が高い。

不動産バブル崩壊に対して共同富裕という「文革2・0」によって外国資本との距離を開けた。また軍民融合は西側からのデカップリングを一段と加速させることになった。

日本の中国人に対する水際対策強化に対して、2023年1月10日、中国政府は日本人へのビザの発給を一時的に停止したと発表。狼外交も健在である。

世界中の人たちを敵にする政策はマイナスにしかならない。価値観が異なる国という認識が確信に変わるだけだ。

脱ゼロコロナが国際社会からの孤立化をますます深める結果になったのだ。神格化を目指す習近平国家主席だが、逆神としての能力をいかんなく発揮している。

この問題も中国の自己中心的、独善的な政策が大きな原因だ。中国国内の医療環境が危機的な状況であるならば、自ら国を閉じるべきだ。

この状況が継続すれば、約3カ月、すなわち2023年2月ごろには集団免疫を獲得するのではないかとの想定はある。

しかし中国政府は自国ワクチンにこだわった。ファイザー（ドイツビオンテック）と、3億人分以上の契約を結んだものの承認をしなかった。またモデルナには承認条件として技術移転を求めたため、それを製薬会社側が拒絶した。

この脱ゼロコロナは、中国が、ようやく2020年の日本やアメリカなどの先進国のコロナ禍状況になったことを意味している。我々はワクチン接種によって、3年間の時間をかかってここまでたどり着いたのだ。理論的に考えれば、しばらく中国国内の感染爆発は収束しないということになる。

資源貧国「日本」　生産の壁はエネルギー

このように国内問題が多発すること、またデカップリングによる事実上の「制裁」によって中国の生産力が落ちることが予測できる。そこで西側が期待するのが同じ価値観を持つ、技術大国「日本」の生産力である。

ところが資源貧国「日本」にあって「壁」となるのが電力不足だ。

第一に絶対不可欠なのが原発の再稼働である。

東日本大震災の福島第一原子力発電所の事故を受けて、2012年5月5日、1970年以来42年ぶりに日本の全原発が稼働を停止。元々日本では世界で最も厳しい基準を設けていたが、さらに数段厳しい「新基準」を設けた（次ページ図「従来の規制基準と新規制基準の比較」参照）。

その「新基準」によって全原発を審査することになったのである。

2022年1月現在、定期検査で停止中のものも含めて日本で再稼働している原発は10基。審査中が10基。で、実に7基が審査が終了したにもかかわらず再稼働していなかった。

再稼働の原因となったのが脱原発訴訟だ。2022年2月現在でも全国で30件以上の「脱原発訴訟」が係争中である。原発は稼働と停止を短期間で繰り返すと事故や故障のリスクが高くなる。敗訴すれば原発停止を余儀なくされる状態で再稼働に踏み切ることができな

従来の規制基準と新規制基準の比較

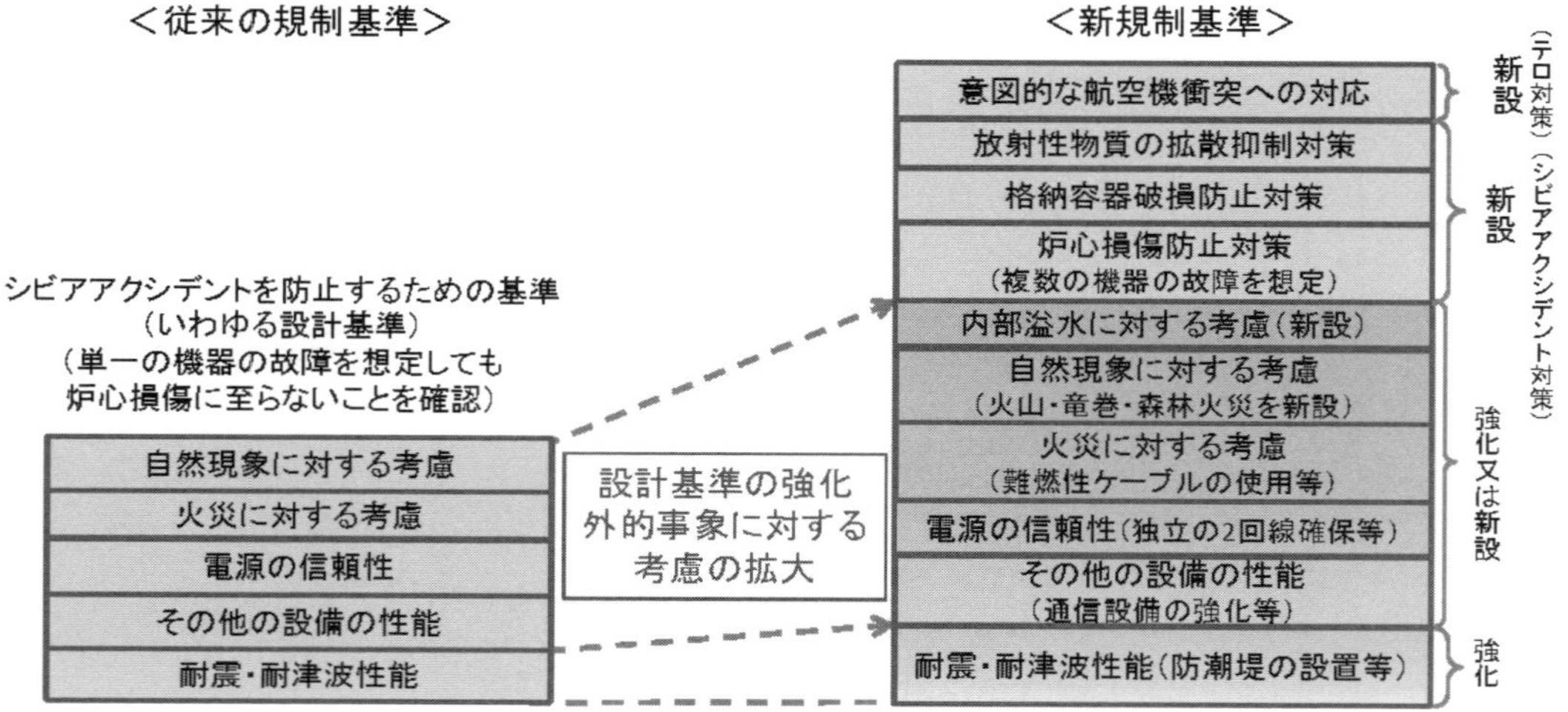

(原子力規制委員会HP「新規制基準の特徴」より)

かった。

そもそもだが「原発を停止すること＝安全」というのは、まったくの誤解だ。プールの中には普段から燃料棒が入っているのだから、リスクは運転に関係なく同じである。訴訟を通じた原発稼働妨害は、非科学的な思考に基づいた嫌がらせということだ。

しかも再稼働の判断は、原発立地の各自治体に委ねられていて政府が手を出すことは難しかった。ところが2022年8月24日、岸田文雄総理は、審査済みの7基の原発について

「国が前面に立つ」

として来夏以降に再稼働を進める方針を示したのである。

再エネ電源は産業に1ミリも寄与しない

次ページ図「2023年1月現在の日本国内の原発稼働状況」を見れば、特に東京電力の原発が2基が2023年夏に再稼働予定であるのみである。

2022年12月15日には、太陽光信者の東京都の小池百合子知事が推進した新築の戸建

2023年1月現在の日本国内の原発稼働状況

	電力会社	原子炉
未申請	東北	女川 3
	東京	柏崎刈羽 1
		柏崎刈羽 2
		柏崎刈羽 3
		柏崎刈羽 4
		柏崎刈羽 5
	中部	浜岡 5
	北陸	滋賀 1
審査中	北海道	泊 1
		泊 2
		泊 3
	東北	東通 1
	中部	浜岡 3
		浜岡 4
	北陸	滋賀 2
	中国	島根 3
	日本原子力	敦賀 2
	電源開発	大間

	電力会社	原子炉
許可	東北	女川 2
	東京	柏崎刈羽 6
		柏崎刈羽 7
	関西	高浜 1
		高浜 2
	中国	島根 2
	日本原子力	東海第二
稼働済み	関西	高浜 3
		高浜 4
		大飯 3
		大飯 4
		美浜 3
	四国	伊方 3
	九州	川内 1
		川内 2
		玄海 3
		玄海 4

許可 → 2023年夏に再稼働予定

て住宅への太陽光パネル設置を義務付ける条例改正案が都議会で可決。2025年4月から義務化が始まる。

再エネ信者は太陽光パネルも原発も同じ「電気」だと思い込んでいるが、まったく違う。問題は電気の「質」にある。

質が必要となるのは「産業用電力」だ。

電気は磁石を回すことで生産される。模型屋でモーターを買ってきて、手で回せば電気が生み出されることをご存じの人も多いのではないか。こうした発電機は「ジェネレーター」と呼ばれる。「周波数」はモーターを回す回転数によって決まり、回転数が低ければ周波数が下がり、高くなれば上がるのだ。

日本では富士・糸魚川周辺を中心に東側が50Hz、西側が60Hzとなっている。これは日本に発電機が導入された時の輸入元の仕様がそのまま残ったからだ。そこで多くの電気機器にはインバーターという周波数の調整装置が備えられ、故障しないようになっている。

この周波数を乱すのが、「太陽光発電」だ。

太陽光は太陽光パネルの化学反応によって発電する。風力にせよ太陽光にせよ発電量が「天気まかせ」になることから周波数が極めて不安定なまま供給されることになる（241

ページ図「再生可能エネルギーと電気の質の関係」参照)。

この良質な電力を必要とするのが、産業の核となる戦略部材「半導体」をはじめとする精密部材の生産だ。こうした部材の生産には莫大な量の電気ばかりか、高品質な電気が必要になる。

TSMCが熊本に工場設置を決めたのも、九州電力が多くの原発再稼働を実施しているからである。

特に2011年に菅直人氏が総理辞任と引き換えに成立させたFIT法に基づく再エネ賦課金は長く国民を苦しめてきた。環境省をはじめとする「再生可能エネルギー」を推進する機関は再エネの国民負担を「1世帯あたり年間1万円」としているが、これはごまかしだ。

2019年度の再エネ賦課金総額は2・4兆円、実に消費税1%分にあたる金額で、国民1人あたりで割ると1人2万円を超える負担だ。

その結果、産業用電力料金はアメリカの3倍、中国や韓国の2倍で、国際競争力が保てない状況だった。

もっとも中国、韓国の電気代が安い理由はスポット購入によって安価なガスを調達して

再生可能エネルギーと電気の質の関係

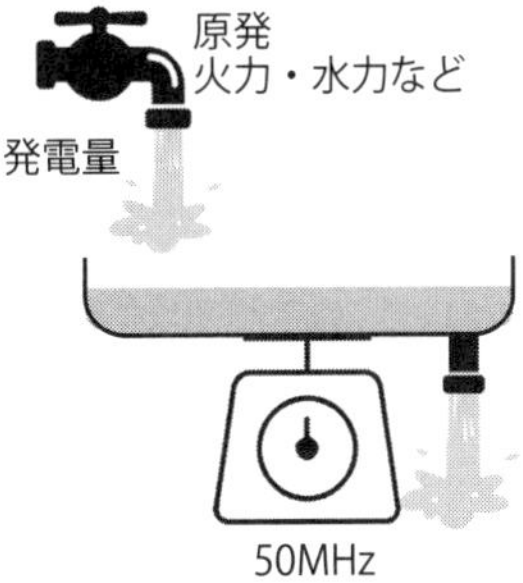

安定して発電できる原発を土台に火力などで、発電量と消費量が釣り合うように調整
＝
周波数が安定
＝
質のよい電気

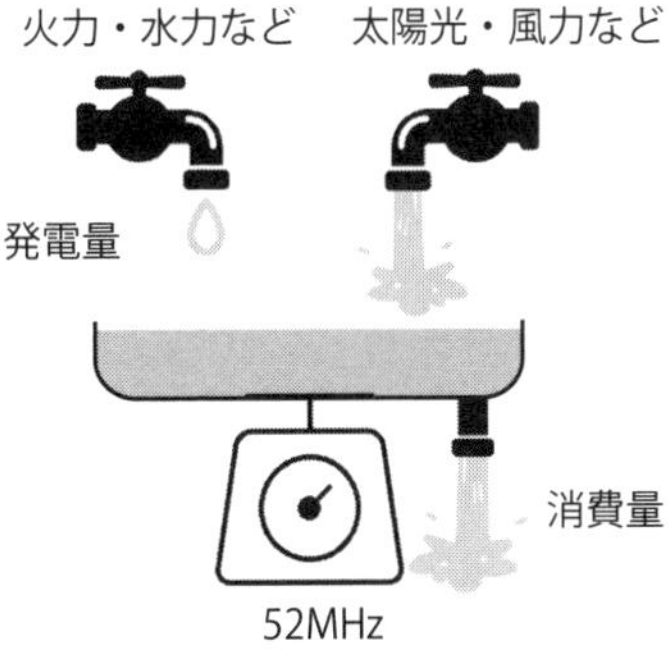

太陽光や風力が突然、大量に発電する
↓
周波数が上がる
↓
火力などの出力を調整
↓
周波数が乱れる

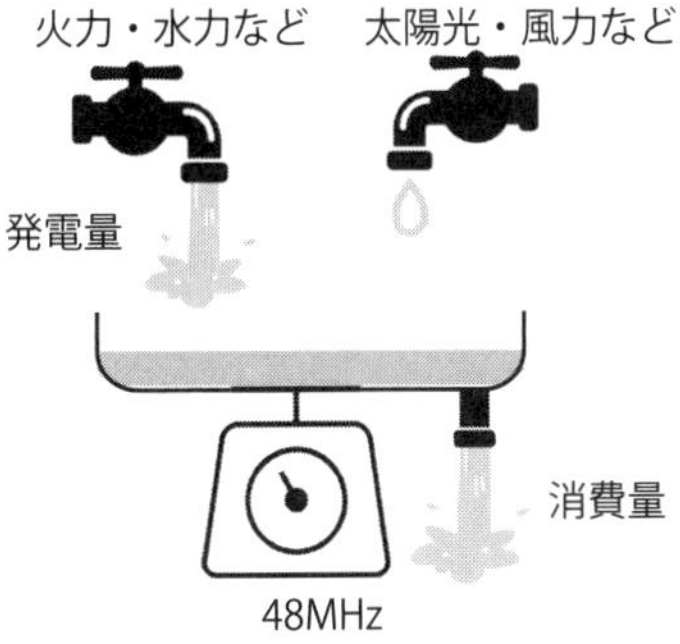

太陽光や風力が突然、発電量が減る
↓
周波数が下がる
↓
火力などの出力を調整
↓
周波数が乱れる

いたからだ。ウクライナ戦争を経てスポットガス料金も高騰し、韓国電力は破綻危機にある。燃料ベースで考えれば、日本の方が安くなる可能性も出てきたが。

ともかく再生可能エネルギーは生産力を上げることを阻害こそすれ、寄与しないということだ。原発で不足する産業用電力は「火力発電」で補う他ないということになる。

ジャパンオリジナルが日本を救う

2021年10月にイギリスで開催されたCOP26（国連気候変動枠組条約第26回締約国会議）に出席した岸田総理は、化石燃料を使う火力発電停止を明言しなかった。特に一部メディアは「石炭火力発電」にスポットをあてて、岸田総理を批判したのだ。

だが日本の石炭火力発電装置は世界トップクラスで環境負荷が小さい。開発中のものも含めて、USC（超々臨界圧発電方式）、IGCC（石炭ガス化複合発電プラント）、IGFC（石炭ガス化燃料電池複合発電）の3種類の石炭火力発電方式がある（次ページ図「世界と日本における火力発電のCO2排出量の比較」参照）。

こうした技術はオイルショックや、排ガス規制などによってエネルギー安全保障に揺ら

世界と日本における火力発電のCO2排出量の比較

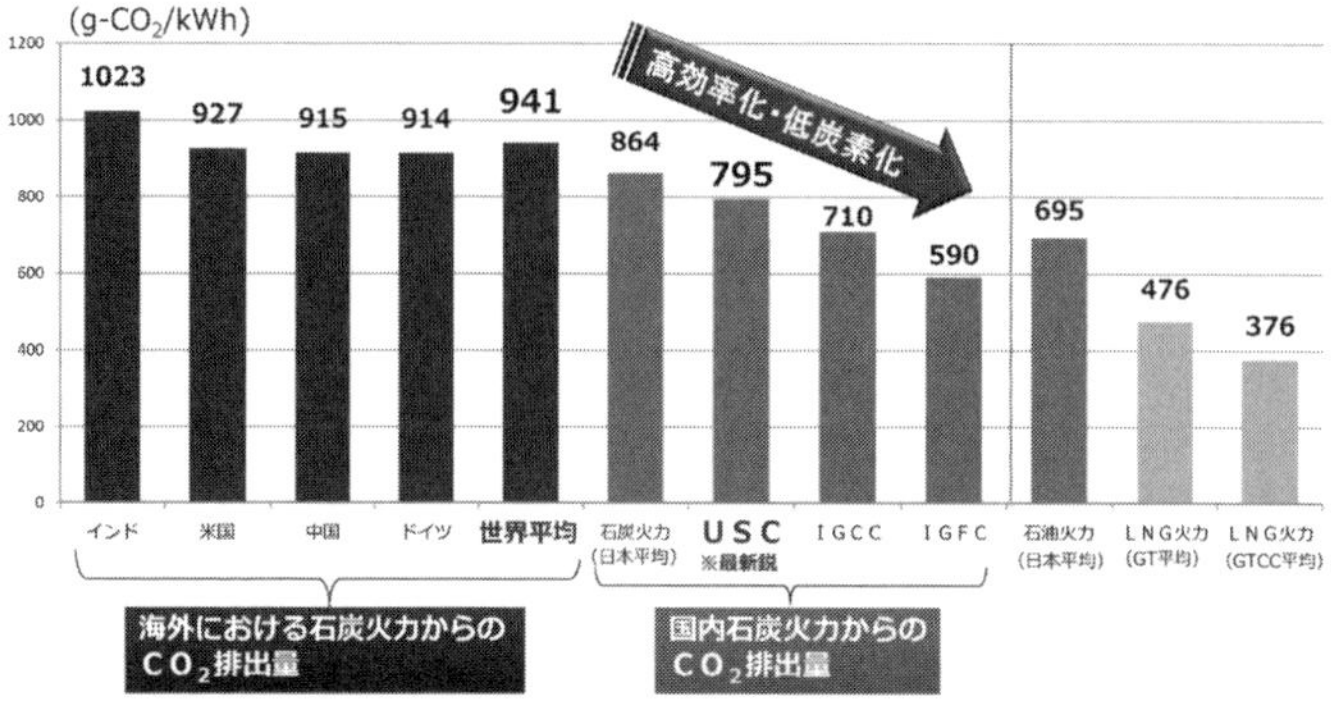

（資源エネルギー庁ＨＰより）

ＵＳＣ 超々臨界圧発電方式	石炭を燃焼させて発生する蒸気を利用して、通常よりも高温・高圧で発電する方式。熱効率が高いので、従来に比べて少量の燃料使用量で済む
ＩＧＣＣ 石炭ガス化複合発電プラント	IGCCは、石炭を高温高圧のガス化炉で可燃性ガスに転換させ、ガスタービンに導入して発電。その排熱を蒸気にして熱回収し、蒸気タービンで発電する複合発電
ＩＧＦＣ 石炭ガス化燃料電池複合発電	石炭をガス化して、燃料電池、ガスタービン、蒸気タービンの3種類の発電形態を組み合わせて発電する方式

されてきた資源貧国「日本」だからこそできたものである。

石炭火力発電はレガシーな技術ではなく、プラントの輸出事業も含めて期待できる技術なのだ。本来は2019年のCOP25で国際社会にアピールするはずだったのだが、独断でそのハシゴを外したのが、かの小泉進次郎氏である。

今後、新興国では石炭火力発電増が見込まれており、この部分を日本産石炭火力で補えば、世界全体のCO2排出量削減に寄与できるのだから、改めて売り込みを行うべきではないか。

もう1つ、日本が世界に誇る技術が内燃機関、すなわちエンジンだ。

EVを作らなければ自動車業界が滅ぶといった、ノストラダムス的主張が散見されていることで、内燃機関がレガシーな技術だと誤解している人が増えている。カギになるのが「水素」だ。

トヨタが実用化させている「MIRAI」は水素によって発電してモーターを駆動する燃料電池車だが、水素燃料エンジンはガソリンのように水素を直接燃やして動力にする。

日本では1970年から研究が始まった。

2021年にはトヨタが水素燃料エンジンを搭載した車両でスーパー耐久の富士24時間

レースに参戦し、完走。２０２１年11月13日には、ヤマハが5リッターV型8気筒の水素エンジンを公開した。また「カワサキモータース」はオートバイに搭載する水素エンジンを開発している。

エンジンには吸気・圧縮・燃焼・排気の4工程で1回動く4サイクルエンジンと、（吸気／圧縮）・（燃焼／排気／掃気）の2工程で1回動く2サイクルエンジンがある。

2サイクルエンジンは排ガス規制で衰退の一途を辿っているが、現在、4輪レースの最高峰、F1と2輪レースの最高峰、MotoGPで水素燃料の2ストロークエンジン復活が模索されているのだ。

ガソリン燃料のロータリーエンジンは、排ガス規制によって消えた。ところが水素はロータリーエンジンとも相性がいい。世界で唯一、ロータリーエンジンの量産化に成功したのはマツダである。

もちろん水素燃料は小型エンジンに留まらない。

２０２２年3月16日には川崎重工株式会社が水素を体積比30％までの割合で天然ガスと混焼して、安定した運用を実現できる燃焼技術の開発を発表。同社は水素混焼技術を搭載した大型ガスエンジンを２０２５年に実用化する予定だ。

火力発電への応用も期待されているが、この技術に関しても、日本はトップクラスである。

このように日本でしか生産できないものはまだまだある。

エネルギー問題さえ解決できれば、日本は中国に代わる生産大国に復活する。本書で解説したように、世界的なデカップリングがこれを後押しするのだ。

半導体規制は先端技術の国内回帰を呼び込む。また、中国を抜きにした、生活物資などのサプライチェーン再構築も日本にとっては追い風になるだろう。

失われた30年から脱出する前提条件が大きく改善されたのである。

ピンチはチャンスであり、日本はその恩恵を受けられるポジションにいることは間違いない。覇権国家アメリカが、米中の二者択一を迫る中で、日本からGDPを奪い続けた中国との関係を見直さなくてはいけない。

内外的に環境が整備されたとしても、重要なのは当事者である日本に生きる皆さんのマインドである。復活のプロセスで伴う痛みや苦しみに耐えられるのは、実に30年もの間、デフレに耐えた日本人にしかできない。このような地獄を経験したことがないからこそ、欧米の市民はインフレに喘ぐのである。

東西デカップリングは、日本にとってのチャンスともいえることを確信してほしい。2023年はその転機になる年といってもよいだろう。

あとがき

本書では、世界を取り巻く状況——特に中国と西側の冷戦の深化とその対応について、法律と世界を構成する仕組みを中心に解説した。

これは現実であり、世界の分断は確実に進んでいる。世界各国は中国かアメリカかの、どちらかを選ばなくてはいけない時に立ち会っているのである。

だが日本には中国という選択肢はあり得ない。なぜなら、日本は世界で最も古い国家であり、長い伝統と歴史を持つ独立した国家であるからである。他国に侵略されたことがない国家、それが日本だ。確かに第二次世界大戦後の敗北により、占領軍が統治した時期は存在するが、天皇制は守られ、その歴史と伝統は今も受け継がれている。

歴史とはバリューそのものだ。長い歴史を持つ日本が、建国１００年にも満たない中華人民共和国を選ぶ理由はない。

戦後から現在まで日本は「覇権」国家であるアメリカのシステムの中に組み込まれ、そして、アジアの西側国家の盟主としての地位を確立している。それに対して、中国は「習近平による新時代の中国の特色ある社会主義思想」という「理想」の下で、中華民族の復興を謳っている。

その「中華思想」とは何か——中国が世界の中心という考え方であり、一種の選民思想である。

そのあり得ない「中華思想」に基づいて中国は世界の「支配」を欲しているのである。

そこで覇権（ヘゲモニー）と支配（オーダー）の違いについて考えてほしい。両者は全く違う。覇権とはリーダーとなる国家が仕組みを作り、その仕組みの下でともに利益を共有する支配体制だ。

具体例の1つが「ドルによる覇権」である。世界の債券の6割以上がドル建てで、日本も外国に対してドルで貸し出しを行っている。他国がそれを払えないとなった場合、米国が主導するＩＭＦ（国際通貨基金）が中心となり、取り立てを行う。

この柔軟性に富んだ覇権構造に対して、中国の「支配」はまったく異なる。

中国の人口14億人に対して極々少数の中国共産党幹部が、それ以外の人々から一方的に搾取する「支配」だ。すなわち「中国共産党幹部以外は奴隷たれ！」と言っているのである。

その典型が「一帯一路」の「債務のワナ」だ。

「中華人民共和国」という名称の国家の上に「中国共産党」がある国、それが建国以来の「中国」である。現在は毛沢東、鄧小平を超える「一代皇帝」の野望を隠さない習近平国家主席の独裁が本格化したばかりだ。

そこで考えていただきたい。日本が中国の軍門に下った場合、天皇はどうなるのであろうか？　ということを。さらに日本の歴史と文化はどうなるのであろうか？　日本人はどうなるのであろうか？

チベットの亡命政権のトップであるダライラマ14世が、中国に支配された国の象徴だ。中国に侵略されるということは、すべてを奪われる結果しかない。

そもそもなのだが、中国の「民主」という言葉は、日本のそれとは大きく違う。

日本における民主主義は「民《たみ》が主《ぬし》」という意味だ。ところが文化圏としての「中国」、あるいは支配者としての中国共産党の「民主」とは「民《たみ》の主《ぬし》」を意味する。すなわち彼らにとっては、民を支配することが「民主」である。

自由を知る民が国家を支えてきた日本人にとって、「民《たみ》の主《ぬし》」に支配される社会に生きることは、「人としての尊厳の死」を意味する。

本書では、具体的な戦術、戦略を中心に、米中、及びそれを取り巻く世界をデータをもとに具体的に解説しているが、その本質は「文明の衝突」であり「文化衝突」だ。

それはグローバリズムの終わりを告げるものでもある。

日本語では「グローバル」と「インターナショナル」はともに「国際」と訳されることが多い。だが、両者はまったく異なる概念だ。

「グローバル」が1つのルールに基づいて動く世界であるのに対して、「インターナショナル」はナショナル（国家や国民）が集合した世界という意味である。

国家の尊厳と存亡をかけた戦いが今始まっている。海という自然国境に守られることが恒常の「日本」に住んでいるが故に、日本人は平和ボケでいることができた。その幻想はすでに根底から覆されている。

2023年という年の本質を理解して、本書を読み解いていただければ幸いである。

日本には、日本人が知らない多くの宝が存在する。本書で解説した半導体製造に不可欠な味の素による絶縁フィルムはもちろん、ヤマサ醤油が作る「シュードウリジン」という物質がなければ「ｍＲＮＡワクチン」は作れない。

韓国とのホワイト国除外で問題になった「フッ化水素」も日本のメーカー以外では高い純度を保てず、最先端の半導体製造に使えない。

他にも幾多の日本が持つ唯一無二の技術が国内に眠っている。

これらは日本の文化と職人芸によって、支えられ継承されてきたものである。だからこそ、日本は日本であり続けなくてはならないし、それは世界の宝でもあるといえよう。ピンチはチャンスであり、今こそ、日本を見直し、戦う時である。

本書がそうしたマインドを作る一助となれば幸いである。

２０２３年１月

渡邉哲也

PROFILE

渡邉哲也

わたなべ・てつや

作家・経済評論家。1969年生まれ。日本大学法学部経営法学科卒業。貿易会社に勤務した後、独立。複数の企業運営などに携わる。大手掲示板での欧米経済、韓国経済などの評論が話題となり、2009年、『本当にヤバイ!欧州経済』（彩図社）を出版、欧州危機を警告し大反響を呼んだ。内外の経済・政治情勢のリサーチや分析に定評があり、さまざまな政策立案の支援から、雑誌の企画・監修まで幅広く活動を行っている。著書に『「韓国大破滅」入門』『情弱すら騙せなくなったメディアの沈没』『怪物（モンスター）化する中国は世界を壊して自滅する』『ロシア発世界恐慌が始まる日』『安倍晋三が目指した世界　日本人に託した未来』（以上、徳間書店）などのベストセラー・話題作の他、『世界と日本経済大予測2023-24』（PHP研究所）、『新しいビジネス教養「地経学」で読み解く!日本の経済安全保障』（宝島社）など多数。

◎渡邉哲也公式サイト
http://www.watanabetetsuya.info
◎人気経済ブログ「渡邉哲也（旧代表戸締役）の妄言」
（上記公式サイトにリンクがあります）
◎人気メルマガ「渡邉哲也の今世界で何が起きているのか」
https://foomii.com/00049

Book Design

HOLON

米中戦時に突入
経済封鎖される中国
アジアの盟主になる日本

第1刷　2023年1月31日

著者
渡邉哲也

発行者
小宮英行

発行所
株式会社徳間書店
〒141-8202 東京都品川区上大崎3-1-1 目黒セントラルスクエア
電話　編集(03)5403-4344 ／ 販売(049)293-5521
振替　00140-0-44392

印刷・製本
大日本印刷株式会社

ISBN 978-4-19-865589-1